珍藏本

纪念版

汉译世界学术名著丛书

图腾制度

〔法〕列维-斯特劳斯 著

渠敬东 译

梅非 校

商务印书馆
SINCE 1897 The Commercial Press

2017年·北京

Claude Lévi-Strauss
LE TOTÉMISME AUJOURD'HUI
Presses Universitaires de France, 1962
参考 Claude Lévi-Strauss, *Totemism*, trans. Rodney Needham, Penguin Books, 1973.

汉译世界学术名著丛书
（120 年纪念版・珍藏本）
出 版 说 明

2017 年 2 月 11 日，商务印书馆迎来 120 岁的生日。120 年前，商务印书馆前贤怀揣文化救国的理想，抱持“昌明教育，开启民智”的使命，立足本土，放眼寰宇，以出版为津梁，沟通中西，为中国、为世界提供最富智慧的思想文化成果。无论世事白云苍狗，潮流左右激荡，甚至战火硝烟弥漫，始终践行学术报国之志，无改初心。

迻译世界各国学术名著，即其一端。早在 20 世纪初年便出版《原富》《天演论》等影响至今的代表性著作，1950 年代后更致力于外国哲学和社会科学经典的译介，及至 1980 年代，辑为“汉译世界学术名著丛书”，汇涓为流，蔚为大观。丛书自 1981 年开始出版，历时三十余年，迄今已推出七百种，是我国现代出版史上规模最大、最为重要的学术翻译工程。

丛书所选之书，立场观点不囿于一派，学科领域不限于一门，皆为文明开启以来，各时代、各国家、各民族的思想与文化精粹，代表着人类已经到达过的精神境界。丛书系统译介世界学术经典，引领时代思想，为本土原创学术的发展提供丰富的文化滋养，为推动中国现代学术和现代化进程做出了突出的贡献。

为纪念商务印书馆成立120周年，我们整体推出“汉译世界学术名著丛书”120年纪念版的珍藏本，寄望既利于文化积累，又便于研读查考，同时向长期支持丛书出版的译者、编者和读者致以敬意。

两甲子后的今天，商务印书馆又站在了一个新的历史时间节点上。我们不仅要铭记先辈的身影和足迹，更须让我们的步伐充满新的时代精神。这是商务人代代相传的事业，更是与国家和民族的命运始终紧密相连的事业。我们责无旁贷，必须做好我们这代人的传承与创造，让我们的努力和成果不仅凝聚成民族文化的记忆，还能成为后来人可以接续的事业。唯此，才能不负前贤，无愧来者。

商务印书馆编辑部

2017年10月

“……能够最终支配心灵世界的逻辑法则原本是绝对不可变的；无论何时何地，无论什么样的主体，它们都是相同的，甚至在我们所谓的真实和虚幻之间也毫无区别；甚至在睡梦中我们也能见到它们……”

——**孔德：《实证哲学教程》，第 52 讲**

目　　录

导　论

一

图腾制度就像歇斯底里一样，我们曾一度不由得生出疑问：我们究竟是否可能随心所欲地把某些现象当作一种疾病或客观制度的征兆分离出来，归为一类，这些征候本身会若隐若现，拒绝让人们做出统一的解释。当歇斯底里强烈发作的时候，变化有时被解释成一种社会演化的效果，可这种演化已经将精神障碍的符号表达从身体领域转移到心理领域了。不过，如果与图腾制度相比照，倒可以指明科学理论与文化之间的另一种秩序关系，其中，学者本人的心灵也会像他所研究的人类心灵一样，起到相当大的作用；仿佛他正有意或无意地，在科学客观性的伪装下，试图使后者（无论是精神疾病的患者，还是所谓的“原始人”）越发变得与他们本来的面貌有所不同。歇斯底里的流行和图腾制度的流行，都是时下的流行，都源自同样的文化条件，它们一并产生的不幸后果，或许原本可以通过19世纪末众多学科分支所具有的一种共同倾向来解释，即学者们很乐意把某些人类现象当作外在于他们自身道德世界的现象标识出来，仿佛这些现象构成了一个自然实体，这样一来，他们就可以保护附着在他们自身道德世界上的东西了。

弗洛伊德在批判夏尔科(Charcot)的歇斯底里理论时给我们上的第一课,就是让我们相信,精神健康和精神疾病的状态,并没有本质上的差别;从一种状态向另一种状态的过渡,最多不过是某些一般活动的调整,每个人都能够从自身中发现这样的活动。所以说,精神疾病患者也是我们的兄弟,因为他们与我们并无差别,只不过两者都纠缠于某种历史发展过程之中,从根本上说,每个人都会经历这样的过程,这里的差别在性质上微乎其微,在形式上是偶然的,在定义上也是随意的和暂时的。那些把精神疾病患者划为罕见的和特别的种类,把他们看作是诸如遗传、酗酒或精神衰弱等内在或外在决定因素所导致的客观后果等看法,都更带有安慰的色彩。

同样,那些满是学究气的画家们也会觉得安稳些,依照此理,艾尔·格列柯*就不是一个正常人,虽然他可以拒绝接受用来表现世界的某些特定方法,但那是因为他的眼球畸形,单凭这一点,就足以说明他笔下的人物为何都是拉长的。无论就哪一种情况来说,这样被人们接受下来的文化模式,都意味着人们已经为其他附有普遍价值的模式赋予了一种特殊性,所以,这些文化模式才会被归于自然秩序。我们只有认为那些歇斯底里的或有艺术禀赋的革新家是反常的,才能让我们自己单凭这一事实就理所当然地相信,他们不仅与我们没有什么关系,也不会给已经得到认可的社会、道德和知识秩序造成什么危害。

* 艾尔·格列柯(El Greco,1541—1614),西班牙画家,原名Domanikos Theotocopoulos,他的作品色彩明亮,色调偏冷,人物造型奇异修长,多以宗教和肖像为题材。——中译注

在那些最终构成图腾幻象的思考中，我们或许也可以发现同样的动机和同样的征兆。当然，这不再是一个直接诉诸自然的问题，尽管我们会看到，人们不断把它们诉诸“本能的”态度或信仰。然而，图腾制度的观念却有可能给几乎可以说是基本的社会带来分化，即便不把其中的某些社会降低为自然（如 Naturvolker* 一词所揭示的那样），至少也得根据它们对自然的态度给它们分类；这些社会赋予人在动物界中的地位，这些社会是理解还是无视生育机制，都可以把这些态度表达出来。所以说，弗雷泽之所以会把图腾制度与无视生理意义上的父系血统的现象混同起来，绝非出于偶然：图腾制度把人同化为动物，所谓在观念上无视父亲角色，其原因就是用更接近于自然力的精灵取代人类的祖先。这样一种自然主义的观点确实提供了一种检验标准：在文化本身中，可以将野蛮人与文明人分离开来。

要想为正常人，也就是白种成年男人，的思维模式奠定一个坚实的基础，同时维护这些模式的整合性，对他来说，最便捷的办法就是把他本人同某些习俗和信仰分开。实际上，这些习俗和信仰异质性极强，很难分离，在它们的周围，结晶成大量僵固的观念，倘若人们必须得去认识这些观念在所有文化（包括我们自身的文化在内）中的呈现和作用，它们当然会惹人心烦。图腾制度首先就是外在于我们自身世界的投射，仿佛是一种招魂的咒语，仿佛是一种有别于人与自然相割裂的要求所产生的心态，而基督教思想恰恰

* 德国人种学者常用自然民族（Naturvolker）来指原始或未开化民族，用教化民族或文化民族（Kulturvolker）来指文明开化的民族。可参见维尔康特（Alfred Vierkandt）所著《自然民族与文化民族》（*Naturvolker und Kulturvolker*）一书。——中译注

把人与自然的割裂视为根本。这样，人们就有可能通过把这种反向的要求设定为一种“第二自然”的性质，来确认上述思想的有效性，而“第二自然”，则不过是文明人在摆脱自身和自然本身的这种无望企图中，从所谓其自身发展的“原始”或“古老”阶段中编造出来的东西。

对图腾制度来说，这确实是一种更便捷的做法，尽管祭祀这种观念依然是西方大型宗教的核心观念，但它也提出了同样类型的难题。每一种牺牲都意味着司仪、神与献祭物之间的自然团结状态，无论是一只动物、一株植物，还是一件物品，都会被人们当成生命，因为只有当发生灾难的时候，它的毁灭才是有意义的。于是，祭祀的观念从中萌发了与动物相融合的胚芽，这种融合也带来了将它们从人扩展到神的风险。在把祭祀与图腾制度混合起来的过程中，可以找到一种办法，用来把前者解释成后者的延续或遗存，从而净化各种潜在的信仰，将既生动又主动的祭祀观念中的杂质清除掉，或者至少分解这样的观念，区分出两种在起源和含义上都有所不同的祭祀类型。

二

以上这些观点，通过最先强调图腾假设所具有的可疑的特征，帮助我们理解了它的独特命运。图腾假设已经以一种非同寻常的速度扩散开来，侵入民族学和宗教史的整个领域中。然而，我们如今已经看到，它日趋败落的迹象几乎是与其鼎盛时期一并到来的：也就是说，恰恰当它看起来最安之若素的时候，却已经开始崩塌了。

1919 年 4 月，范热内普（van Gennep）在《图腾问题的现状》（奇怪的是，这本书简直是博学、癖好甚至无知的大杂烩，思考中到处充斥着少有的理论空洞性和随意性）的序言末尾这样写道："图腾制度已经耗费了众多学者的智慧和才赋，我们有理由相信，在今后的许多年里，情况会依然如此。"

这样的预言当然很容易解释，因为它只是在弗雷泽发表他的奠基之作《图腾制与外婚制》几年后提出来的，恰好在这几年里，一份叫作《人类》（*Anthropos*）的国际学术刊物开办了一个讨论图腾制度的长期专栏，该专栏在每一期中都占有非常重要的位置。既然如此，就很难再有更多的误解了。所以，范热内普的书也许算是全心投入上述问题研究的收山之作了，从这个角度来说，该书当然是不可或缺的。可是，在持续不断的综合中，这远不是所谓的起步阶段，倒不如说是考察图腾制度的绝唱。就在此时，戈登威泽（Goldenweiser）也发表了他的处女作，[①]尽管范热内普不屑一顾地把它丢在一旁，可戈登威泽却依然坚持不懈，始终从事着瓦解的工作，当然，今天这项工作可以说是大功告成了。

虽说我们今天的研究是在 1960 年着手进行的，可 1910 年却是它的起点。从那时算起，足足有半个世纪过去了；那一年，出版了两部在篇幅上截然不同的著作，最终看来，戈登威泽 110 页的小册子所带来的理论影响，要比弗雷泽四卷本洋洋 2200 页的长篇巨

① Goldenweiser, "Totemism, An Analytical Study", *Journal of American Folklore*, Vol. XXIII, 1910.

制持久得多。当弗雷泽发表那些当时为人共知的全部事实时，他的目的是为了将图腾制度确立为一个体系，并解释这种制度的起源，而戈登威泽对将三种现象（氏族的组织，把动物和植物作为名称或标志划归给氏族，对氏族与动物之关系的信仰）合并处理的理由提出了质疑，事实上，这些特征只有在极少数的情形下才是一致的，而且每一特征的呈现都与其他特征无关。

所以，汤姆森河流域的印第安人有图腾，却没有氏族；易洛魁人用动物来称呼氏族，但动物却不是图腾；尤卡吉尔人既分成各个氏族，在他们的宗教信仰中动物也起到了相当大的作用，可这一切是以萨满，而不是以社会群体为中介得到实现的。所以，不管我们怎样想方设法提供一个完整的定义，都涵盖不了人们所构想的图腾制度。它最多只是一些不很特别的因素之间的偶然安排。它是某些特殊部分的组合，这些部分也是我们从经验的角度在一定数量的事例中观察到的，并不会形成任何特别的属性；它不是一种有机的综合，也不是一种具有社会本性的对象。

自戈登威泽提出批评后，随着时间的推移，图腾制度在美国教材中被赋予的地位也在持续降低。洛维（Lowie）在《原始社会》一书中，只用 8 页的篇幅来讨论图腾制度：他首先说明了弗雷泽的不妥之处，然后又总结和论证了戈登威泽的首要观点（当然也有所保留，比如他把图腾制度定义为“情感价值的社会化过程”就显得过于武断、过于一般，因为土著布因人对他们的图腾就只有一种准宗教的态度，西澳洲的卡列拉人也不遵从塔布，其图腾也没有得到敬重）。然而，洛维也指责过戈登威泽，主要是因为他回到了怀疑主义的立场，在某种程度上肯定了图腾制度与氏族之间经验上的关联；可是，克劳人、希达察人、格罗文特人和阿帕奇人的氏族都没有图腾名称，阿兰达人所拥有的图腾，也与他们的氏族完全不同。所以，洛维得出结论说："我不能肯定，所有花费在这一问题上的才智和学识，就能确立起图腾现象的实在来。"①

从此以后，清理工作迅速展开了。我们可以对克鲁伯（Kroeber）两个版本的《人类学》进行一番比较。1923 年的版本还有大量有关这一主题的参考文献，可是，该问题并没有得到检验，只是把氏族和胞族作为一种社会组织的方法，从作为符号体系的图腾制度中区分出来。两者之间并没有必然的联系，至多只是事实上的联系，这提出了一个无法解决的问题。尽管第二版长达 856 页，索引也足足有 39 页，可该索引在"图腾制度"的名义下，所能提供的只是一个孤立的切入点，而且切入的只是偶然观察到的巴西卡内利亚人的小部落："胞族的第二支……与婚姻无关，只是图腾意义上的，换言之，某些动物或自然物都是每个胞族的符号代表。"②

让我们回过头来再看看洛维，在《文化人类学导论》（1934）一书中，他只用半页纸来讨论图腾制度，而在他有关原始社会学的第二本教材《社会组织》（1948）中，只有一次提到过"图腾制度"一词，并顺便解释了施密特（Schmidt）的观点。

1938 年，博厄斯（Boas）发表了《普通人类学》，这本长达 718 页的教科书是他和他的学生们合作写成的。由赖希哈德（Gladys

---

① Lowie, *An Introduction to Cultural Anthropology*, 1935, p. 151.

② Kroeber, *Anthropology*, 1948, p. 396.

Reichard）负责撰写的有关图腾制度的讨论，只占4页的篇幅。她发现，许多异质现象都已经被纳入到图腾制度的名义下：如各个系列的名称或标记，对与非人类存在之超自然关系的信仰，有可能会形成却并非经常如此的各种禁忌（例如，圣克鲁斯人禁止践踏草坪、不用碗吃饭，奥马哈人禁止触摸野牛角或胚胎、木炭或铜绿、昆虫和寄生虫），以及外婚制的某些规范，等等。这些现象有时与亲属群体有关，有时与军事或宗教兄弟会有关，有时与个人有关。总之，

> 人们已经从各个不同方面为图腾制度浪费了大量笔墨……足以使它不再成为人们讨论的话题……既然图腾制度在世界上的不同地方有如此纷繁复杂的呈现，既然它们的相似只是表面上的相似，既然这些现象有可能在许多与真实或假想的密切关系无关的情况下出现，那么，采用一个专门的范畴来讨论它们，也就没有什么必要了。[1]

在《社会结构》一书中，默多克（Murdock）也说，他再也不想研究什么图腾制度的问题了，他指出，相对而言，图腾制度对研究社会关系的形式构造并没有多大意义："社会群体要想得到些名称，动物的称谓与其他一切事物一样，都是显而易见的。"[2]

当然，林顿（Linton）所从事的一项很奇特的研究，也促使美国

---

① Reichard, "Social Life", in *Boas*, 1938, p. 430.

② Murdock, *Social Structure*, 1949, p. 50.

学者进一步漠视这个问题，可是此前，学者们却为该问题争论得不亦乐乎。在第一次世界大战期间，林顿属于第 42 师，也就是“彩虹”师，这个名称是一位长官随便起的，因为组成这个师的各个部门来自许多国家，所以各个团部的颜色，就分别是彩虹的不同颜色。可是，该师在法国登陆后，这个名称就被广泛采用了：当人们问士兵属于哪个部门时，他们就会回答说：“我是彩虹。”

1918 年 2 月，也就是该师取名后的五六个月，人们便开始一致认为，彩虹的出现对这个师来说一定是个好兆头。三个月过后，据说该师每次执行任务时，彩虹就会出现在天边，甚至在气象条件根本形成不了彩虹的情况下也如此。

1918 年 5 月，第 42 师被部署在第 77 师的临近地区，第 77 师在每辆装甲车上都涂上了特别的标记：自由女神像。彩虹师随即也开始模仿它的邻居，采用了这种办法，不过，它也想到应该与第 77 师有所区别。到了八九月份，佩带彩虹徽章便开始流行起来了，尽管人们曾经相信，佩带特殊的标志起源于因失败而遭受的惩罚。这种情形一直延续到战争结束，美国远征军也组成了“一系列既界限明确，也会经常彼此产生妒忌心理的军团，每个军团都有各自的观念体系和规章体系”。作者举出这些例子说明：(1)被划分而成的各个军团都能够意识到自身的同一性；(2)每个军团都用动物、物或自然现象的名称给自己取名；(3)在与陌生人接触时，都得说出自己的名称；(4)将该标记涂在师团的武器和装甲车上，或者作为个人饰物，禁止其他军团使用该标记；(5)尊重代表该标记的“主人”和图案；(6)人们已经模模糊糊地相信，该标记既可以产生保护作用，也具有逢凶化吉的功用。

> 曾经在未开化民族那里发现过这种情形的几乎所有的考察者，都可以把这些彼此关联的信仰和仪轨当作图腾体系来处理。这说明，倘若与澳洲人或美拉尼西亚人高度发达的图腾制度相比，它的内容何等空泛！不过，与一些北美印第安部落的图腾体系相比，它的内容也同样算是很丰富了。不过，它与真正意义上的图腾制度依然有所区别，关键之处就是它没有婚姻上的规定，也没有对祖先的信仰，更没有血缘上的关系，图腾……①

不过，林顿在结论中指出，这些规定都不过是氏族组织的一种功能，而不是确切意义上的图腾制度，因为它们并非经常伴随着图腾制度出现。

三

所有这些批评都是美国学者的批评，这并不是因为我们认为美国人类学的地位很特殊，而是因为这是一个历史事实，消解图腾制度问题的源头是美国（虽然泰勒最先寥寥数语提到过这样的想法，但从没有解决过，稍后我们还会谈到他），能够坚持到底的也是美国。我们确信，这绝非单纯是在某个地区的发展，我们只要顺带看看这种观点在英国是怎样发展起来的就行了。

① Linton, "Totemism and the A. E. F.", *American Anthropologist*, Vol. 26, 1924, p. 298.

1914 年，当时最著名的图腾制度理论家之一里弗斯（Rivers），就曾把图腾制度定义为三个因素的结合体：(1)社会因素。一种动物和植物物种或一种无生命物（或是一类无生命物）与由社会确定的群体（尤其是外婚群体或氏族）之间的关联；(2)心理因素。群体成员相信他们与动物、植物或物品之间有一种亲属关系，这种信念通常可以表达为这样的观念：人类群体是它们的后代；(3)仪式因素。对动物、植物或物品的遵从，主要反映为：除特殊情况以外，禁止食用某类动物或植物、禁止使用某种物品。①

稍后，我们将分析和讨论当代英国人类学家的一些看法，让我们先将现今的两种观点与里弗斯的观点比较一下。首先，有一本通用教科书是这样说的：

> 我们将会看到，"图腾制度"一词曾经被用于人类与自然物种或现象之间变化多端且令人迷惑的关系。就此而言，我们不可能为图腾制度下一个满意的定义，尽管此前人们做过许多尝试……所有图腾制度的定义要么太过特殊，把大量可以当作成"图腾"的体系都排除掉了，要么太过一般，把许多根本不能算作图腾的现象都包括了进来。②

其次，由皇家人类学研究所集体编写的《人类学札记与疑难》（第六版，1954），也表述了人们新近达成的共识：

---

① Rivers, *The History of Melanesian Society*, Vol. 2, 1914, p. 75.

② piddington, R., *An Introduction to Social Anthropology*, Vol. 1, 1950, pp. 203—204.

> 广义而言，只有当满足以下三个条件，我们才能使用图腾制度这个术语：(1)构成部落或群体……的群体(图腾群体)是一个完整的人群，而且每个群体都与某一类物(图腾，无论是有生命的还是无生命的)形成特定的关系；(2)社会群体与该物之间的关系同样是一般性的关系；(3)除非遇到像收养这样的特殊情况，这些图腾群体不能改换其成员。

上述定义必须附加以下三个附属条件：

> 图腾关系意味着，物种的每个成员与图腾群体的每个成员之间都有图腾意义上的关系。一般而言，图腾群体的成员不能相互通婚。
>
> 此外，通常还有一些强制性的行为规范……有时禁止食用图腾物种，有时得有特殊的举止、饰物或徽章，行为必须根据图腾来限定。[①]

这个定义要比里弗斯的定义复杂和明确得多，尽管两个定义都含有三点，但《人类学札记与疑难》中的三点却与里弗斯的有所不同。在这里，里弗斯的第二点(相信与图腾之间有一种亲属关系)没有了；而且，他的第一点和第三点(自然类别与"典型"外婚群体之间的关联，以及食物禁忌作为"典型"的遵从形式)也依据其他的情况降低成了附属条件。相反，《人类学札记与疑难》却指出：土著人的

---

① *Notes and Queries on Anthropology*, 1951, p. 192.

思维中存在一种双重系列，一是“自然的”系列，二是社会的系列；两个系列的关系是一种同源关系；这些关系也都是一成不变的。换言之，里弗斯想给图腾制度添加的**内容**已经没有了，只剩下了**形式**：

> 图腾制度一词只能用作一种社会组织和巫术-宗教仪轨的形式，其核心特征就是部落内某些群体（通常是氏族或世系）与某些种类的有生命物或无生命物，以及一些与特殊类别有所联系的几个群体之间的联系。①

若想为这样的观念提出告诫，就必须掏空它的实质内涵，在某种意义上除去它的具体特征，可是，这种告诫只不过再次强调了洛维向制度发明家们发出的警告：

> 我们首先必须搞清楚……我们所比较的究竟是各种文化实在，还是我们逻辑分类模式的单纯臆造。②

四

就图腾制度来说，从具体定义到形式定义的过渡，实际上可以追溯到博厄斯。早在1916年，博厄斯就把矛头对准了涂尔干和弗雷泽，他不承认文化现象可以归结为一种统一体。“神话”的概念

① *Notes and Queries on Anthropology*, 1951, p. 192.

② Lowie, “On the Principle of Convergence in Ethnology”, *Journal of American Folklore*, Vol, XXV, 1912, p. 41.

就是我们思维的一个范畴，为了把一切现象统统纳入到这个词中，我们随意采用这一范畴，试图解释各种自然现象、口头文学作品、哲学思辨以及我们能够充分意识到语言过程的各种事例。同样，图腾制度也是一个人造的统一体，唯有在人类学家的内心中才会有这样的东西，现实中根本没有什么特殊的关联。

当我们说到图腾制度时，我们实际上会把两个问题混淆起来。第一个问题，就是人类与动物或植物之间的同一性，这个问题不能不与对人与自然之关系的一般看法有关，而且这种关系也会关联到艺术和巫术、社会和宗教等问题。第二个问题，就是以亲属关系为基础的群体的称谓，这种称谓既有可能求助于动物或植物的名称，也可能有许多其他的方式。而"图腾制度"的说法只有在上述两种秩序共同形成的情况下才适用。

在某些社会中，为了具体确认亲属的类别（究竟是真正意义上的亲属，还是分类意义上的亲属），才会出现假定人与自然存在或自然物之间具有亲密关系的一般倾向。为了让这些类别获得一种独特和永久的形式，这些社会必须制定固定不变的婚姻规范。所以，人们才会确信，所谓图腾制度的前提通常是某些外婚制形式。在这一点上，范热内普误解了博厄斯：博厄斯的观点只限于承认外婚制在逻辑上和历史上都先于图腾制度，而没有声称后者是前者的结果或后果。

外婚制是通过两种方式构想出来并付诸实践的。爱斯基摩人把外婚制单位限于家庭，通过实际的亲属关系来确定外婚制。每个单位的容量都有严格的限定，只有人口增加了，才可以建立新的单位。群体是持久不变的；因为群体的规模受到了限制，群体不能进行范围更大的整合,群体的存在只能以此为条件,否则就该把人抛出去了。这样一种外婚制形式,与图腾制度完全不同,因为至少在这个层面上,社会缺少任何形式意义上的结构。

相反,如果外婚群体有能力扩展其范围,群体的形式依然维持原样,那么每个群体的容量就会增加。人们不再可能用谱系的方法直接确定群体的成员资格。这样一来,就必然会出现:

(1)不平等的继嗣规则,如单系继嗣。

(2)名称,或者至少是一种可辨识的标记,由后代传承,它取代了人们有关真实关系的知识。

一般而言,在后一种类型的社会中,组成社会的群体的数量会逐步减少,人口的演化会使某些群体绝迹。如果缺少能够使这些规模持续扩大的群体发生分裂的制度性机制,重新建立平衡,上述演化过程就会使社会缩减成两个外婚群体。这就是所谓二元组织的起源。

另一方面,尽管社会中可辨识的标记在内容上彼此有所不同,但在形式上必须属于同一种类型。否则,就会出现一个群体靠名称来确认,另一种群体靠仪式来确认,而第三种群体则靠军服来确认等这样的情况。不过,这种情况虽然很少见,但确实存在,这说明,博厄斯的批评并不很充分。不过,他的方向显然是正确的,他曾经得出结论说:"组成一个部落的各个社会部门所具有的标记是同源的,这恰恰可以证明,它们都可以归因于一种分类的倾向。"[1]

① Boas,"The Origin of Totemism",*American Anthropologist*,Vol. 18,1916,p. 326.

总而言之,范热内普误解了博厄斯的论题,博厄斯想说的是,在社会的层面上,体系的形态是图腾制度的必要条件。这也是图腾制度为何把爱斯基摩人排除在外的原因,因为爱斯基摩人的社会组织是非体系化的,图腾制度必须以单系继嗣为前提(我们也可以再加上双系继嗣,但双系继嗣是单系继嗣复合发展的结果,尽管人们常常把它与未分化的继嗣形式混淆起来),因为单单这一点就是结构性的。

这样的体系必须得求助于动物和植物的名称,它是采用不同称谓方法的一个特殊情形,无论有何种类型的指称,其性质始终是一样的。

或许,这就是博厄斯的形式主义将标记遗漏掉的地方,因为倘若如他所说,被指称的物必然会构成一个体系,那么若要指称模式发挥全面的作用,就必须也具有体系的特征。然而,博厄斯所阐述的同源法却过于抽象、过于空泛,很难满足上述要求。他所了解的社会根本不符合这样的要求,所以,他也不能排除说存在一种更为复杂的分化手段,社会也可以用它们来构建一个体系。相反,这里的问题是,为什么动物界和植物界会提供一种特别合适的命名系统,可以用来指称社会体系,指称体系与其所指称的体制之间在逻辑上究竟有什么样的关系。动物界和植物界并不是因为它们确实存在而得到利用的,而是因为它们可以提供一种思维模式。博厄斯认为,**人与自然之关系**和**社会群体之特性**这两者之间的关联,是偶然的和随意的关联,它们之所以看起来这样,是因为这两种秩序之间的真实联系是以间接的方式穿过心灵的。这就假设了一种同源关系,可是,在指称体系内却并非如此,这种关系只存在于各种不同的特征之间，一方面是物种 x 和 y 之间的关系，另一方面是氏族 a 和 b 之间的关系。

众所周知，最早把图腾制度当作理论主题来讨论的，是麦克伦南(McLennan)在《双周评论》上发表的一篇题为“动物崇拜和植物崇拜”的文章，在这篇文章中，他发现了一个著名的公式：图腾制度等于物神崇拜加上外婚制和母系继嗣。可是，几乎过了 30 年，博厄斯才对这一公式提出了批评意见，才会有我们在上段结尾所勾画出的一些发展。1899 年，泰勒发表了他专门讨论图腾制度的十页纸，虽然他的“评论”很前卫，但也消除了许多旧有的和新近出现的偏见。早在博厄斯之前，泰勒就曾建议对图腾制度的地位加以评价：“我们必须考虑到人类脱离宇宙来进行分类的倾向。”[①]

由此看来，图腾制度应该被定义成动物物种与人类氏族之间的联系。然而，泰勒却继续说道：

> 我试图反驳的，是几乎把图腾当作宗教基础来看待的做法。人们这样对待图腾制度，就是把它当作脱离法的历史之外的次要问题，并没有充分考虑到早期宗教的庞大架构，图腾制度被无限夸大了，根本不符合其实际的理论意义。[②]

泰勒总结说：

① Tylor, “Remarks on Totemism with Especial Reference to Some Modern Theories Concerning It”, *Journal of the Royal Anthropological Institute*, Vol. XXVIII, 1899, p. 143.

② 同上书，第 144 页。

> 我们最好推迟[某些]考察，直到……图腾制度刚好缩回到有资格让我们用这个世界的神学图式去考察它的程度。我的意思并不是说，由于图腾制度在社会学中所具有的力量要比宗教学重要得多，所以我们应该对这种力量所产生的社会结果进行深入细致的研究……外婚制没有图腾制度也可以并确实存在……不过，在占有地球的四分之三的土地上，它们的紧密结合已经指明，一旦图腾能够发挥古老的、强有力的作用，就会使氏族变得更牢固，并把氏族合并到更大范围的部落中去。①

这也是一种针对指称体系的逻辑力来提出问题的方式，不过，这样的方式却是从自然界中挪用来的。

① Tylor, "Remarks on Totemism with Especial Reference to Some Modern Theories Concerning It", *Journal of the Royal Anthropological Institute*, Vol. XXVIII, 1899, 第 148 页。

第一章　图腾的幻象

一

倘若拿人们认为是错误的范畴当作我们讨论的论题，那么只因为关注这一论题，就通常会带来某种风险，也就是对现实抱有幻想的风险。为了克服一种模糊不明的障碍，人们就得使轮廓显露出来，在这里，其实人们想做的一切就是证明这些轮廓也是虚幻的，可在攻击一种毫无根基的理论时，批评者首先应该给予其足够的尊重。随意焕发出来的幻觉，人们总希望能够永远祛除掉它，但是，幻觉的消逝只是为了重现，而且比人们最初构想它的样子距离我们更近。

也许，比较明智的做法是淡忘掉这些过时的理论，而不是唤醒逝去的东西。但是，就像老阿克尔王说的那样，历史不会造就毫无用处的事件。[①] 如果说一个今天看来似乎是虚假的问题，却曾经让伟大的头脑长年绞尽脑汁，那是因为他们模糊地感受到，尽管某些现象曾经被随意归类，分析得也不够充分，但依然值得引起人们

---

① M. Maeterlinck, *Pelléas et Mélisande*, Act I, Scene 2 (Orchestra score, Paris, Durand & Cie., p. 38).

的兴趣。如果我们首先不同意逐步调整已经无路可循的行程，由此引导我们寻找并帮助我们发现另一条路径，那么，我们怎能期望为了提出一种截然不同的解释，而自己处理这些现象呢？

我们必须强调，尽管我们对图腾制度一词所指称的实在持有怀疑，但我们依然采用这样的说法，因为许多学者都对图腾制度做过这样的理解，我们将讨论的正是这些学者的理论。如果我们经常把它放在引号里，或者在它的前面罩上“所谓”一词，那么这种做法是很不妥当的。论证的需要为一些词汇赋予了某些特权。可是，引号和形容词通常都会带来隐晦的理解，读者只能受到误导，以可能与上述公认的立场完全矛盾的叙述和表达为基础，提出自己的反对意见。

弄清了这一点，就让我们试着从客观的角度和最一般的方面，来确定图腾制度的语义场，我们发现，有好些现象都被归于图腾制度的名义下。

无论哪一种情况，我们所采用的方法都包含有以下几个步骤：

(1)将我们所研究的现象定义为两个或两个以上的术语之间的关系，无论这些术语是实际的还是假定的；

(2)绘制一张有可能将这些术语相互置换的图表；

(3)把这张图表当作一般意义上的分析对象，唯有在该层面上，这样的分析才能够带来必然的联系，带来其他现象之间最初只能有唯一可能的组合的经验现象，以及我们事先就必须重构的整个体系。

从意识形态的角度上说，图腾制度这一术语包含有**自然**和**文化**这两个序列之间的关系。在自然序列中，一方面是**范畴**，一方面是**特例**；而组成文化序列的是**群体**和**个人**。所有这些术语都是随意抽选出来的，是为了在每个序列中区分集体和个体这两种存在模式，也是为了不将两个序列彼此混同起来。不过，在这一准备阶段中，任何术语都可以使用，只要它们彼此有别就可以。

自然	范畴	特例
文化	群体	个人

这些术语两两之间有四种组合方法，均属于不同的序列，这样可以满足初步假设的最低条件，该假设就是以下两个序列之间的关系：

	1	2	3	4
自然	范畴	范畴	特例	特例
文化	群体	个人	个人	群体

对这四种组合中的每一种组合来说，在一个或多个人群中，都有相应的可观察得到的现象。依照“社会”模态和“性”模态，澳洲图腾制度设定了一种自然范畴（如动物物种或植物物种，抑或某类物或某类现象）与一种文化群体（如胞族、分区、次分区、膜拜群体或者是由同一性别成员组成的集体）之间的关系。与第二种组合相应的，是北美印第安人的“个体”图腾，个人通过身体上的磨炼，试图与一种自然范畴融为一体。第三种组合的例子，是居住在班克斯群岛上的莫塔人，莫塔人认为孩子是某种动物或植物的化身，

当母亲最初发现自己怀有身孕时，她就会找到或吃掉这种动物或植物；阿尔衮琴人的一些部落也有这样的组合，他们坚信新生婴儿与他们在家舍中发现的动物之间有一种很特殊的关系。在波利尼西亚和非洲，我们可以发现群体—特例的组合形式，在这里，某些动物（如新西兰的守护者大蜥蜴，以及非洲极其神圣的鳄鱼、狮子或猎豹）是受到社会保护和尊崇的对象；也许，古代埃及人也有同样的信仰，这种信仰也有可能与西伯利亚的翁衮（*ongon*，即"神偶"。）有关，即使它们不是实际存在的动物，在群体看来，它们也是有生命的活物。

从逻辑上说，这四种组合是平等的，因为它们都是同一步骤的结果。可是，图腾制度却只包含前两种组合形式（而且，人们对此还争论不休，一定得搞清楚哪一种组合是原初的组合，哪一种是派生的），其他两种组合仅仅与图腾制度有间接的联系，其中，有一种是准备的形式（弗雷泽就是这样来看待莫塔人的），而另一种则不过是一种残余而已。甚至许多作者干脆把后两种组合彻底丢掉了。

图腾制度的幻象首先就是属于同类现象的语义场发生扭曲所造成的结果。我们选取这一语义场中的某些方面，是以牺牲其他方面为代价的，这样一来，我们就为这些方面赋予了它们本不具有的原初性和陌生性；这是因为，我们通过把它们从其不可分割的体系中抽离出来，从而使它们看上去显得很神秘。难道这些方面就有别于其他方面，至少比其他方面具有更多的"呈现力"和凝聚力吗？我们只要从人们最初考察图腾制度的几个例子入手，就可以明确看到，这些方面的明确指涉，不过是基于一种错误的实在划分。

二

众所周知，图腾一词源于奥杰布韦人，是分布于北美五大湖北部地区的阿尔衮琴人的说法。*ototeman* * 这种表达，大致上是“他是我的一个亲戚”的意思，这个词是这样构成的：第一个字母 *o*-，是第三人称的前缀；-*t*-，是用来防止两个元音粘合起来的插音；-*m*-，是所有格；-*an*，是第三人称的后缀；-*ote*-，所表达的是自我与男性或女性亲属之间的关系，这样，这个词就在主语的代际层次上定义了外婚群体。通过这种方式，氏族的成员资格就可以表达出来了：*makwa nindotem*，意思是“我的氏族是熊”；*pindiken nindotem*，意思是“进来，族兄”，等等。大多数奥杰布韦氏族都有动物的名称，18 世纪末和 19 世纪初，一位生活在加拿大的法国大使塔夫纳（Thavenet），就曾根据自己的记忆解释说，每个动物氏族都在自己的发源地保护一种最漂亮、最友好、最可怕或者最常见、甚至他们经常捕猎的动物。①

对同样的奥杰布韦人来说，这种集体性的命名体系并没有与他们的信仰产生混淆，个体可以与他的守护神，也就是某种动物形成一定的关系。人们所了解的唯一一个用来指涉这种个体的守护神的术语，是 19 世纪中叶的一位旅行家所转译的 *nigouimes* 一

* 图腾为印第安语 *totem* 的音译，源出阿尔衮琴人奥杰布韦族方言 *ototeman*，意为他的亲族。——中译注

① 参见 Cuoq，*Lexique de la langue algonquine*，1886，pp. 312—313。

词，与“图腾”或者属于同样类型的术语根本没有什么关系。有关奥杰布韦人的研究表明，关于人们假定的“图腾制度”的最初描述，也就是18世纪末英国商人和翻译朗(Long)所做的描述，实际上已经将氏族名称(其中集体称谓与动物名称相对应)与守护神信仰(个体的保护者)混淆了起来。[①] 我们从有关奥杰布韦社会的分析中可以更清楚地看到这一点。

看来，这些印第安人组成了十来个父系和从父居氏族，其中，有五个氏族相比起来古老些，所以也享有比较特殊的声望。

有神话说，这五个“原初”氏族来源于六个具有人形的超自然存在，他们来自大海，后来才与人类融为一体。其中有一个双目紧闭，不敢看印第安人一眼，尽管他也想最急切地睁开眼睛。最后，他终于抑制不住自己的好奇心，略微掀起他的头巾，将目光投在人的身上，刹那间，人类“仿佛遭到雷击一般”，一命呜呼。尽管这种令人生畏的存在本来想对人类表示友好，但他的目光太强烈了，反而给人类带来了死亡。所以，他的同伴让他立即潜入海底。其他五个存在却留在了印第安人中间，“成为了他们的福祉”。后来，从他们中诞生了五个大型的氏族和图腾：鲶鱼、鹤、潜鸟、熊和貂。[②]

尽管交到我们手中的这种神话是一种残缺不全的形式，却有相当大的意义。由此，我们可以确认，在人与图腾之间，并没有一种以毗邻性为基础的直接联系。唯一可能存在的关系也必然是一种“伪装的”关系，所以也是一种隐喻的关系，来自澳洲和美洲的事

---

① *Handbook of North American Indians*, art. “Totemism”.

② Warren, “History of the Ojibways”, *Collections of the Minnesota Historical Society*, vol. V, 1885, pp. 43—44.

实都表明，有时用来指涉图腾动物的名称并不是真实的动物名称，而是另一种名称，在某种程度上，氏族的名称并不能直接和经常在土著人的心灵中唤起动物学或植物学意义上的联系。

其次，神话在个人关系与集体关系之间也确立了另一种对立。印第安人的死，并不只是因为他被看了，而且也因为其中一个超自然存在单独行动，而其他存在的行为则慎重得多，并组成了一个群体。

在上述双重的意义上，图腾关系隐隐约约地与守护神产生了差别，守护神所包含的是个体与其独自的追求之间的直接联系。所以，土著人的理论本身，就像神话所表达的那样，让我们区分了集体图腾与个体守护神，并强调了人与氏族名称由来之间的关系所具有的中介性和隐喻性。最后，它也可以帮助我们摆脱这样的诱惑：即通过把各种关系逐一累积起来，把**某一**人群与**某一**动物物种统一起来，而去构建一种图腾体系，相反，原始的关系是两个体系之间的关系：一个体系是以群体差别为基础的体系，另一个体系是以物种差别为基础的体系，而群体的多元性和物种的多元性既直接相关，又彼此对立。

根据瓦伦（Warren）的说法（瓦伦本人就是奥杰布韦人），主要的氏族生成了其他氏族：

鲶鱼：男人鱼、鲟、狗鱼、白鲑、亚口鱼

鹤：鹰

潜鸟：鸬鹚、鹅

熊：——

貂：麋鹿、驯鹿

1925年，米歇尔森（Michelson）记载了以下几种氏族：貂、潜鸟、鹰、蓝头鲑、熊、鲟、大猞猁、鹤、鸡。几年后，基涅茨（Kinietz）在另一个地区（古德瑟特河）也发现了六个氏族：水灵、熊、鲶鱼、鹰、貂、鸡。后来，他又加进了其他两个氏族：鹤，以及一种无法确定的鸟。不过，这两个氏族最近灭绝了。

在帕里岛（位于乔治亚湾，属于呼伦湖的一部分）的东奥杰布韦人中，詹内斯（Jenness）在1929年汇集了一系列“鸟类”氏族：鹤、潜鸟、鹰、鸥、雀鹰、乌鸦；一系列“兽类”氏族：熊、北美驯鹿、麋鹿、狼、狸、水獭、浣熊、臭鼬；一系列“鱼类”氏族：鲟、狗鱼、鲶鱼。此外，还有另一个叫作“盈月”的氏族，以及一整套假想的或已经在本地消失的氏族名称：松鼠、龟、貂、鱼貂、鼬、桦树皮。如今，尚存的氏族已经减少到六个：驯鹿、狸、水獭、潜鸟、隼、雀鹰。

此外，这些氏族也有可能划分成五类，也就是把鸟划分成“天上的”（鹰、雀鹰）和“水中的”（所有其他的鸟），把哺乳动物划分成“地上的”（栖居于沼泽地中的，如加拿大的各种鹿类动物）和“水中的”（靠吃鱼为生的，如鱼貂、鼬，等等）。

无论如何，根本就没有记载表明奥杰布韦人相信氏族成员是图腾动物的后代：图腾动物并不是膜拜的对象。所以，兰德斯（Landes）指出，虽然驯鹿已经在加拿大南部完全绝迹了，但是，这一事实根本不会影响到用这种动物来命名的氏族的成员，他们反而对考察者说：“这不过是个名字而已。”人们可以随意杀死和吃掉图腾，某些仪式上的防范措施，也只是意味着先问一问这种动物是不是允许，然后再道歉一下。奥杰布韦人甚至认为动物更愿意让自己被本氏族猎手的箭射中，只要在射箭之前，大叫一声“图腾”的名字就可以了。

鸡和猪(这些都是从欧洲引进的禽畜)通常用来将印第安女人和白种男人生下的混血儿划归给传统氏族(否则,人们将会依照父系继嗣的法则把他们从氏族中驱逐出去)。有时候,这些人也会被委托给鹰氏族,因为鹰是美国国徽的图案,人们从美钞上就能看到这种动物。氏族本身也分成了各个群落,而各个群落都是通过图腾动物的各个部分(如头、后腿、皮下脂肪等)来指称的。

通过这样汇集和比较从各个地区得到的证据(每个地区都只能提供部分目录,因为氏族不可能在任何地方都会得到同样的表现),我们可以识别出一种三重形式的分类:"水"(水灵、鲶鱼、狗鱼、亚口鱼、鲟、鲑,等等,也就是所有的"鱼"氏族);"气"(鹰、雀鹰,还有鹤、潜鸟、鸥、鸬鹚、鹅,等等);"土"(第一类包括北美驯鹿、麋鹿、驯鹿、貂、狸、浣熊;第二类包括鱼貂、鼬、臭鼬、松鼠;第三类包括熊、狼、猞猁)。蛇和龟的类别尚不明确。

与由等价原则来支配的图腾名称体系截然不同的,还有一种被纳入到等级森严的神殿中的"神灵"(manido)的体系。当然,阿尔衮琴人也有氏族的等级体系,然而,这种等级体系的基础并不是用来命名的动物的等级高低,而是这样的笑话:"我的图腾是狼,你的图腾是猪……当心!狼能把猪吃掉!"[①]这些被记载下来的自然差别和道德差别的痕迹,最多可以被构想为一种特有的属性。可是,"神灵"的体系却是按照两个主轴来排列的:一是伟大或渺小的

① Hilger,"Some Early Customs of the Meomini Indians", *Journal de la Société des Américanistes*, Vol. XLIX, 1960, p. 60.

神，二是有益或无益的神。至高无上的是大神；接下来，是他的仆从；无论在道德上还是自然上，由上至下的排列顺序为：日月、与神秘的蛇相对应的48种雷电、“隐身的小印第安人”、两个性别的水灵、四个方位点，最后，是命过名的和没有命过名的一群“神灵”：包括天上的、地上的和水中的，以及冥界中的“神灵”。所以，从某种意义上说，“图腾”和“神灵”这两个体系彼此间呈直角关系，一个是近乎水平的横轴，另一个是竖轴，两轴只有一个交点，就是水灵，因为水灵在两个方面都可以比较清晰地呈现出来。这或许可以解释为什么神话中所描绘的超自然神灵都来自海洋，我们上文提到过，不仅图腾的名称取自这些神灵，而且他们也划分成了各个氏族。

我们根据同样的道理，也可以解释为什么奥杰布韦人的饮食禁忌也源自“神灵”体系，这些禁忌代表特殊的神灵，是在睡梦中与个体相沟通的，禁止他们吃某一种肉，或某种动物身上的某个部分，例如，豪猪的肉和麋鹿的舌头就都不能吃。然而，与此有关的动物却并不一定都能被列在氏族名称之中。

神灵体系

大	神
日	月
雷	电
方位	点
图腾体系 鹰、鹅、水	灵、狗鱼、鲟等
冥界	蛇

等

同样，严格说来，只有依靠个体的努力才能获得守护神，当男孩和女孩到达青春期时，人们就会鼓励他们这样去做。如果他们能够成功地得到超自然神灵的看护，那么这种神灵的性格和外貌就会成为代表他们才能和素质的标记。不过，所有这些好处都只有在遵从和关照他们的看护者的条件下才能得到保证。尽管图腾和守护神之间有所不同，但我们在某种程度上可以这样来解释被朗混淆了的两者之间的关系：守护神从来就不是"人们白天在茅舍周围所能看到的某种特定的哺乳动物或鸟，而是一种能够代表所有物种的超自然存在"。①

三

现在，让我们来看看弗思(Raymond Firth)所描述的这个世界中的另一个部分。在弗思看来，那些被强行归于图腾制度的标签下的信仰和习俗，在很大程度上都具有极其复杂和异质的特征。对蒂科皮亚人来说，这些分析更有说服力，相反，里弗斯却认为，蒂科皮亚人的情形是证明波利尼西亚存在图腾制度的最好证据。

然而，弗思指出，在我们推断出这样的观点之前，

> ……必须搞清楚，对人来说，[人类与物种或自然物的]关

① Jenness, "The Ojibwa Indians of Parry Island: Their Social and Religious Life", *Bulletin of the Canadian Department of Mines*, No. 78, Ottawa, 1935, p. 54.

> 系究竟是人作为群体的关系，还是人作为个体的关系，对动物或植物来说，与每个物种有关的究竟是整体，还是独立的单个成员；自然物是否被当成了人类群体的代表或标志；是否存在个人与生物或物体之间的同一性观念，是否存在一方源自另一方的观念；人们的兴趣所集中关注的究竟是动物或植物本身，还是最先通过与祖先的神灵或其他神灵相联系的信仰而获得重要意义的。最后，我们必须了解土著人对物种与超自然存在之关系所持有的观念。[①]

这说明，除了我们已经区分的**群体—个体**和**自然—文化**这两轴以外，还应该加上第三个轴，用来安排人们所构想的前两个轴的极端情况之间不同类型的关系：如象征关系、同一关系、传承关系或利益关系、直接关系和间接关系，等等。

蒂科皮亚社会是由四个叫作卡因甘加(*kainanga*)的父系群体(并非必然是外婚群体)组成的，每个群体都由酋长(*ariki*)来掌管，酋长与阿图亚(*atua*)之间有一种非常特殊的关系。阿图亚一词指的是确切意义上的神灵，也可以说是祖先的神灵、先前的酋长的灵魂，等等。对土著人有关自然的概念来说，这一切都是由“可吃的东西”(*e kai*)和“不可吃的东西”(*sise e kai*)的基本差别来决定的。

“可吃的东西”主要包括各种植物和鱼。在这些植物中，有四个物种是最重要的，都相应与四个氏族有某种特定的亲合关系：番

---

① Firth, “Totemism in Polynesia”, *Oceania*, Vol. I, No. 3, 1930—1931, p. 292.

薯所“听从”或遵从的是卡菲卡(sa Kafika)氏族,椰子与塔夫阿(sa Tafua)氏族、芋艿与陶马科(sa Taumako)氏族、面包果与方加勒勒(sa Fangarere)氏族也都有同样的关系。事实上,在马克萨斯群岛,人们认为植物直接属于氏族神(在各种各样的淡水鳗鲡或海边暗礁中,有一种就是氏族神的化身),而且农业仪式最初也采用了神所要求的形式。所以,氏族酋长的角色就是去“控制”某种植物物种。此外,在各种物种之间,也必须进行进一步的划分:番薯和芋艿的种植和收获,以及面包果的收获都具有季节上的特点。可椰子树就不同了,它可以同步结果,椰子果一年四季都可以成熟。这样的区别也许与各种支配形式之间的区别是相应的:每个人都可以拥有、耕种和收获前三种物种,可以贮存和享用这些植物结出的果实,唯有掌管它们的氏族才必须举行仪式。可是,对椰子树却没有什么特别的仪式,而且,控制椰子树的塔夫阿氏族也只遵从少量的塔布:喝椰子奶时,氏族成员不能敲碎椰子壳,只能钻孔;打开果实抽取汁液时,只能用石头,不能用其他工具。

这些不同的行为模式之所以是有意义的,并不只是因为它们可以指明仪式和信仰与某些客观条件之间的相关性。它们也可以证实上文针对博厄斯的同源法所提出的批评,因为尽管三个氏族用来表现与自然物种之关系的都是仪式,但第四个氏族用来表现这种关系的却是禁忌和规定。所以说,即使同源关系存在,也必须在更深的层次上去寻找。

不管怎样,很显然,人们与某些植物物种之间的关系是通过社会学和宗教学这两个方面得到表达的。奥杰布韦人之所以会求助神话,是因为他们希望把两者统一起来:

很久以前，神与普通人没有什么区别，在这块土地上，神直接是氏族的代表。有一天，当一个从外乡来的神，即蒂卡劳(Tikarau)造访蒂科皮亚人的时候，本乡的诸神为他准备了一顿丰盛的筵席，不过，他们首先组织了一场力量或速度的竞赛，看看究竟是他们的客人还是他们自己能赢。在比赛进行当中，这个陌生人一下子滑倒了，声称自己受了伤。可是，当他假装一瘸一拐的时候，突然间冲向了为他准备的筵席，抓起一大堆食物，就逃奔到山上去了。于是，众神便开始穷追不舍；蒂卡劳脚下突然一滑，又摔倒了，这样，本氏族的众神们才讨回了一些吃食：一只椰子、一只芋艿、一只面包果，还有一只番薯。蒂卡劳把剩下的大多数食物都带上了天，只把这四种植物的果实留给了人类。[①]

尽管这个神话与奥杰布韦人的神话有所不同，但我们必须强调，它们依然有几个共同点。首先，我们应该注意到，在个体行为和集体行为之间都有同样的对立之处，对图腾制度来说，前者是否定性的，后若是肯定性的。在这两个神话中，个体行为和邪恶的行为都是一个贪婪而又鲁莽的神所做出的行为[在这一点上，非常类似于斯堪的纳维亚的洛基[*]，杜梅齐尔(Georges Dumézil)曾经专门对此做过研究]。无论哪一种情形，图腾制度都是被当作一种业已消逝的总体的**残余**而引入进来的，这一事实也许能够说明，只有

---

① Firth，"Totemism in Polynesia"，*Oceania*，Vol. I，No. 3，1930—1931，p. 296. 当我们读到这本书，并已经把它当成我们的证据时，弗思最近又出版了一本书(1961)，我们可以从这本书中找到同一个神话的其他版本。

* 洛基(Loki)：北欧神话中的火神，冰霜巨人的后裔，性情乖戾，惹是生非，经常与众神争吵不休。——中译注

在把体系的各个术语相互**隔开**的情况下，它们才会有意义，因为唯有这些术语，才适合于那种以前术语还比较充分、现在却已经发生断裂的语义场。最后，这两个神话也表明，这种直接的联系（一种情况下，是图腾意义上的神与人之间的联系，另一种情况下，是具有人的形式的神与图腾之间的联系），也就是说这种毗邻的联系，与制度的神灵完全相反：图腾只有在首先被分离出来的情况下才会形成。

对蒂科皮亚人来说，“可吃的东西”这一范畴也包括鱼。不过，在氏族与可吃的鱼之间并没有直接的联系。当我们把神考虑进来时，问题就更复杂了。一方面，人们认为四种植物食物是神圣的，因为它们“代表”了神：番薯是卡菲卡人的“躯体”，芋艿是陶马科人的“躯体”；面包果和椰子则相应为方加勒勒人和塔夫阿人的“脑袋”；而另一方面，神“是”鱼，尤其是鳗鲡。这样，我们换一个角度，又重新发现了图腾制度与宗教之间的区别，此前，我们已经从相似性与毗邻性的对立中发现过这种区别。就像奥杰布韦人一样，蒂科皮亚人的图腾制度也是通过隐喻关系表达出来的。

然而，在宗教的层面上，神与动物之间的关系却是一种转喻的次序，首先，这是因为人们认为阿图亚已经**进入**到动物之中，但还没有变成动物；其次，是因为这里不再有物种的**总体**，而只有单个的动物（因而也是物种的**一部分**），而且，人们根据其非同寻常的行为，把它当成了神的载体；最后，是因为这种情况只能以间断的形式，甚至是例外的形式发生，而物种与神之间的关系越远，就越长久。从最后一点出发，人们也许会说与转喻相应的是事件次序，与隐喻相应的是结构次序。[①]

阿图亚与食物之间的另一种基本对立，也可以说明植物和可吃的动物本身并不是神。实际上，人们也把不可吃的鱼、昆虫和两栖动物称作阿图亚，按照弗思的说法，这也许是因为"这些根本就不适于人食用的生物并不具有正常的自然秩序……[就动物而言]与超自然存在有关的并不是可吃的成分，而是不可吃的成分"。弗思继续说道，如果"我们把这些现象说成是……构成图腾制度的因素，那么我们就必须得承认，在蒂科皮亚人那里，存在两种截然不同的制度类型：一种是肯定性的制度，与植物食物有关，强调丰收多产；另一种是否定性的制度，与动物有关，强调它们不适于食用"。[②]

这种模糊性在动物身上甚至表现得更明显，因为众神是许多形式的动物化身。对塔夫阿人来说，氏族神是一种鳗鲡，鳗鲡可以使依附它的椰子成熟；不过，它也可以变成一只蝙蝠，借此来破坏其他氏族种植的椰子树。所以，该氏族也禁食蝙蝠，还有水鸡等其他鸟类以及鱼，这些动物都与某些神灵有特别亲近的关系。不过，无论这些禁忌是普遍的，还是只限于某一氏族或世系，都不具有图腾的特征：鸽子与陶马科氏族的关系很密切，也是不可吃的，但该氏族并没有禁杀鸽子的顾忌，因为鸽子经常洗劫园子。而且，这种

---

① Jakabson & Halle, *Fundementals of Language*, 1956, Chap. V.

从这个角度来看，我们所总结和比较的作为图腾制度的起源的这两种神话，也可以看作是与隐喻的起源有关的神话。一般而言，它们作为一种隐喻结构，具有神话的特征，所以，它们本身也构成了一种次级隐喻。

② Firth, "Totemism in Polynesia", *Oceania*, Vol. I, No. 3, 1930—1931, pp. 300—301.

禁忌也只局限于头生的鸽子。

在这些特定的信仰和禁忌背后，是一种基本图式，这种图式具有一种形式属性，独立于某一动物或植物物种与某一氏族、亚氏族或世系之间的关系，通过该图式，我们就可以识别这些群体了。

对塔夫阿氏族的科罗科罗（Korokoro）世系来说，海豚具有一种特别的亲合性。当海豚在海边搁浅时，上述亲属群体的成员就会向海豚献上叫作普图（*putu*）的新鲜蔬菜，并把蔬菜"献奉给新近死去的人的坟墓"。然后，各个氏族再煮熟和分享海豚肉，只有亲属群体除外，因为这是一种塔布，海豚是本氏族成员所偏爱的阿图亚的化身。

根据分配法则，应该把头分给方加勒勒氏族，把尾分给塔夫阿氏族，把肢体的前半段分给陶马科氏族，后半段分给卡菲卡氏族。由于有两个氏族的植物物种（番薯和芋艿）是神的"躯干"，所以它们应该得到"躯干"部分，还有两个物种（椰子和面包果）是神的"头"，所以它们所得到的是海豚的两端（头和尾）。于是，这种关系体系的形式便聚合起来，扩展到了这样的情形：乍眼看去，似乎完全与这种关系体系不相干了。而且，就像在奥杰布韦人中一样，与超自然世界之间的第二种关系体系既离不开食物禁忌，也结合了一种形式结构，然而，它同时也与这样的结构有很明显的区别，尽管图腾假设很容易将它们混同起来。作为禁忌对象的被神圣化了的物种构成了一种从氏族功能体系（该体系本身与植物食物有关）中分离出来的体系：例如，章鱼就被比作山脉，而山间的溪流则仿佛是章鱼的触手，同样，章鱼也被比作太阳和太阳发出的光芒；无论是淡水鳗鲡，还是咸水鳗鲡，也都是食物禁忌的对象，这种禁忌极其强烈，甚至看到它们就会引起呕吐。

因此，我们可以与弗思共同得出结论说，在蒂科皮亚人中，人们既没有把动物当成是一种标志，也没有把它们当成祖先或亲属。与某些动物有关的遵从和禁忌都应以一种复杂的形式，通过三重的观念得到解释：群体是某个祖先的后代，神是某种动物的化身，在神话时代中，祖先与神之间存在一种亲缘关系。对某种动物的遵从也间接地依据这种关系。

另一方面，人们对植物和动物分别持有的态度也是彼此对立的。这里，有农耕仪式，却没有捕鱼或狩猎仪式。阿图亚是通过动物而非植物的形式呈现给人的。自从食物塔布形成以来，就只适用于动物，而非植物。众神与植物物种之间的关系是象征性的，与动物物种的关系却是实际的；植物在物种的层面上得到了确定，而动物物种本身从来都不是阿图亚，只有在一定的情况下，某种特殊的动物才能这样。最后，以不寻常的行为“为标志”的植物通常是可吃的；动物却相反。弗思就曾通过对蒂科皮亚人的事实与波利尼西亚人的一般情形进行大致的比较，逐字逐句地评述了博厄斯所提出的公式，指出图腾制度并没有构成一种自成一类的现象，而只是人类与其自然环境对象之间的一般关系领域中的一个特例而已。[1]

四

从毛利人那里记载的事实，与图腾制度的经典概念更是相去

① Firth, “Totemism in Polynesia”, *Oceania*, Vol. I, No. 3, 1930—1931, p. 398.

甚远,这些事实与我们从蒂科皮亚人中得到的用来证实上述论点的事实很类似。人们之所以把某些蜥蜴当作埋葬死者的洞穴和捕猎鸟类的大树的守护神来尊奉,是因为蜥蝎所代表的是威若(Whiro)神,是疾病和死亡的人格化形式。在神与自然因素或自然存在之间,具有一种传承关系:各种各样的沙子、卵石、沙砾和其他矿物(软玉、燧石、熔岩、矿渣),以及各类昆虫、蜥蜴和害虫都是从岩石和水中生成的。森林中所有种类的鸟和果实,都是它尼-努伊-阿-兰古伊(Tane-nui-a-Rangui)神和卡胡-帕瑙瑞(Kahu-parauri)女神创造的;容勾(Rongo)是庄稼的祖先,坦加若阿(Tangaroa)是鱼的祖先,豪米阿(Haumia)是野生植物的祖先。[①]

> 毛利人的整个宇宙本身就是一个庞大的"亲属",天与地是一切存在和事物(如大海、海滩、森林、鸟和人)最早的父母。很显然,如果他无法(深入细致地)说明他与大海中的鱼或他请来做客的旅行者之间是否具有亲属关系,他就会觉得很不舒服。这样一来,出身高贵的毛利人就有了一种真正的欲望,希望去研究他的谱系,并拿自己的谱系与客人的谱系相比较,试图发现他们的共同祖先,搞清楚老一辈和年轻一辈的干系。这样,他就在谱系中保留了各种各样的例子,谱系中包含的人数竟然有 1400 人之多。[②]*

① Best,"Maori Religion and Mythology", *Dominion Museun Bulletin*, No. 10, Section I,1924.

② Prytz Johansen,1954,p. 9.

* 参考文献中并没有注明这部著作。下同。——中译注

人们也从没有提到过新西兰那里有图腾制度的典型事例。不过，这也构成了一种限制性的事例，可以对那些图腾假设认为非常合适、实际上相互排斥的范畴进行纯粹的划分。这是因为，毛利人认为，动物、植物和矿物原本都是祖先，但这些祖先并没有起到图腾的作用。在萨摩亚人“带有进化论色彩”的神话中，人们认为由属于三种自然秩序的因素所构成的系列，无论是从发生的角度，还是从历时的角度来看，都是连续的。如果自然存在或自然因素彼此的关系就是祖先与后代之间的关系，那么所有这些存在或因素就必然与人类有这样的关系，对特定的人类群体来说，任何一种存在或因素都不能单独起到祖先的作用。用现代术语来说，基于上述事实，认为氏族起源于不同物种的图腾制度必然是多元发生的（而波利尼西亚人认为是一元发生的）。不过，这种多元发生本身也具有一种非常特殊的性质，因为图腾制度就像玩单人纸牌游戏一样，在开始游戏的时候就得把所有的纸牌摊在桌子上。图腾制度没有留出任何一张牌备用，根本无法说明动物或植物祖先与人类后代之间的过渡阶段。所以，我们必然会认为从一方向另一方的过渡是不连续的（而且，所有同样类型的过渡也都是同步的），是一种名副其实的“置换布景”，根本没有拉下大幕，将序幕与最后一幕之间所有人们能够感受得到的连续性都排除掉了。图腾起源根本不可能按照自然创生论的模式来塑造自身，它们不过是各种应用、筹划或拆解的方法而已；图腾制度是由隐喻关系构成的，有关这种关系的分析应该属于“人种逻辑学”的领域，而不是“人种生物学”的领域：说氏族 A 是熊的“后代”，氏族 B 是鹰的“后代”，不过是以一种具体而又简明的方式说氏族 A 与 B 之间的关系可以比作物种之间的关系罢了。

同样，这也有助于我们澄清起源与体系两种观念之间的混淆，所以毛利人的民族志使我们有可能解除另一种混淆（这种混淆来源于同样的图腾幻象），即图腾观念与曼纳（*mana*）观念之间的混淆。毛利人是根据每一种存在或每一类存在的“自然”或“提卡”（*tika*）及其特殊的功能或独特的行为，即提康珈（*tikanga*）来确定它们的。所以，从各种不同的角度看，事物与存在也是依据图布（*tupu*）来区分的，图布从内部进入到这些事物和存在之中，与曼纳的观念截然相反，因为曼纳来自外部，所以，它是根据混同和融合的原则构成的：

> 曼纳的含义与图布的含义毫无共同之处，两者迥然有别。尽管两者都有展开、活动和生命之意，然而，图布所表达的是事物与人类的本性内在的展开过程，曼纳所表达的是某种参与进来的事物，是一种积极的伙伴关系，根据这种关系的性质，曼纳根本不可能维系于单个物或单个人。[①]

与塔布［请注意，是塔布（*tapu*），不要与图布（*tupu*）相混淆］有关的习俗本身，也停留在不连续性的层面上，这种性质根本无法证明涂尔干及其学派通常在曼纳、图腾与塔布之间试图寻找的那种统合关系：

① Prytz Johansen，1954，p. 85.

> 能够将塔布习俗塑造成一种制度的是……对生命深切的敬重，对引人瞩目的荣誉和恐惧的敬畏。这种敬畏针对的并非是一般意义上的生命，而是通过各种不同形式呈现出来的生命，甚至也不是能够完全呈现出来的生命，只是当亲属群体扩展到土地、森林和渔场，并最终扩展到酋长、财宝和圣地时，亲属群体中的伙伴关系所含有的生命。[①]

① Prytz Johansen，1954，p. 198.

第二章　澳洲的唯名论

一

1920 年，范热内普整理了 41 种不同的图腾制度理论，其中最重要的也是最新的理论无疑是以澳洲事实为依据的那些理论。所以，我们就不会对以下一事感到大惊小怪了，即埃尔金（A. P. Elkin）这位当今颇有名气的澳洲专家为何会求助于同样的事实来重操旧业，采用经验和描述方法以及分析框架，去做那些几年前拉德克利夫-布朗从事过的工作。

埃尔金始终密切关注着民族志的实际状况，这样做有根本性的意义，起先，他必须重新找回某些基本事实，倘若没有这些事实，他就不可能得出他的观点。

同时，专家们也采用了大量的碳十四放射测量方法，将澳洲大陆的人类起源追溯到公元前 8000 年左右。如今，人们已经不再认为，在如此巨大的时间跨度中，澳洲土著居民完全是与世隔绝的，至少澳洲北岸肯定与新几内亚（或者是直接的，或者是通过托雷斯海峡中的一些岛屿）和印度尼西亚南部曾经有过大量的接触和交流。然而，相对而言，整个澳洲社会也有可能曾经独立地发展到比世界上其他社会更发达的阶段。这意味着，澳洲各个社会特别是在宗教和社会组织等领域具有很多共同的特点，其形态的分布特征也经常属于同样的类型。

所有“无分类”（也就是没有胞族、分区和次分区）的社会都地处边缘，如丹皮尔地、阿纳姆地、卡奔塔利亚湾、约克角半岛、新南威尔士、维多利亚和大澳大利亚湾等海岸地区。之所以会有这样的分布，或者是因为这些形式都是最古老的形式，始终都处于大陆周围的边边角角，或者更有可能是，因为它们都是分类体系发生边缘性的解体所造成的结果。

母系胞族社会（没有分区或次分区）主要分布于东南部（昆士兰、新南威尔士和维多利亚的南部和南澳洲的东部）的大片地区，以及西澳洲西南部的一条不是很长的海岸地带。

父系胞族社会（有分区和次分区）则分布于澳洲大陆的北部，从丹皮尔地直到约克角半岛。

最后，四分体系分布于西北部（沙漠地区，远至西海岸）和东北部（昆士兰），八分体系则分布于中心地区的每个角落（从阿纳姆地和约克角半岛一直到南部的埃尔湖）。

那么，就让我们简明扼要地概括一下具有“婚姻分类”的社会的特点。这种分类并不是构成胞族的必要条件，因为它是靠一种简单的法则来确定的：如果某个个体属于第一个胞族（无论是父系继嗣还是母系继嗣，我们都可以在澳洲找到），那么他的配偶必须来自另一个胞族。

现在，我们就可以想象有两个处于不同地域的群体，每个群体都受到了胞族的外婚法则的限制；我们也可以进一步假设，继嗣具有母系的形式（因为这是最普遍的情况，尽管相反的假设也会得出相应的结果）。这两个群体为了彼此统一起来，决定它们各自的成员只能从对方那里获得自己的配偶，妻子和子女也应该留在父亲一方。我们姑且把这两个母系胞族称为“琼斯”和“史密斯”，两个地方群体称为“牛津”和“剑桥”，那么，婚姻法则就该是这样的：

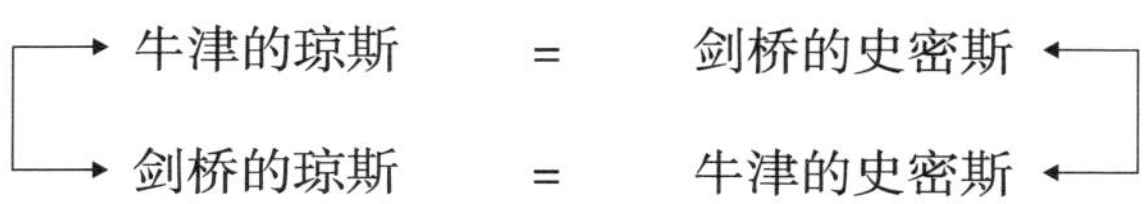

我们可以这样来读解上述公式：倘若牛津一个称为琼斯的男人与剑桥一个称为史密斯的女人结婚，那么他们的子女就应该称作牛津（随他们的父亲）的史密斯（随他们的母亲）。这就是所谓的四分体系，或者叫作卡列拉（Kariera），这一说法取自西澳洲一个部落的名字。

从四分体系向八分体系的过渡，也遵循同样的步骤，只不过有四个地方群体，而不是两个。在这种体系的下列图示中，字母所指的是父系地方群体，数字所指的是母系胞族。无论怎样去读，是从左到右，还是从右到左，第一对字母和数字所代表的都是父亲，第二对代表的是母亲，箭头可以将母亲与子女结合起来（阿兰达人的体系就是如此）。

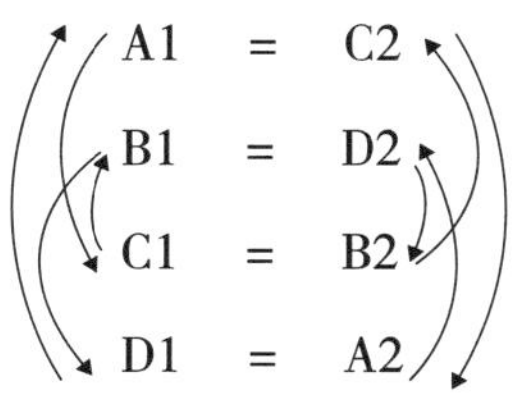

范热内普很恰当地道出了藏在这些规则背后的理由：

> ……外婚制的结果，也许是外婚制的目的，是把一些特定的社会联系在一起，倘若没有外婚制，我们所能接触到的就只有鲁昂的“石匠”和马赛的“理发师”了。如果我们从这个角度出发来考察婚姻图示……我们就会看到，外婚制中的肯定因素和否定因素都会产生强有力的作用，然而，在所有准则中，只有禁忌准则才有详尽的说明……从这两个不可分割的方面出发，上述制度可以用来加强不同氏族与一般社会之间的凝聚力，而不是氏族成员之间的凝聚力。此外，该制度也确立了代际之间的婚姻交换，代际关系会随着社会寿命的增加及其分支数量的增加变得越来越复杂，在这种交换和交替的混合过程中，外婚制确保了其中的常规性和周期性的循环。①

这样一种解释，也是我们的解释（参见《亲属关系的基本结构》），在我们看来，它比拉德克利夫-布朗在他的晚期著作中提出的解释高明得多，拉德克利夫-布朗是从母系胞族的二分法（尚未得到验证），以及命过名或没有命过名的男系代际交替的二分法中推断出四分体系的。事实上，澳洲的男系通常被划分成两个范畴，一个范畴由偶数代组成，另一个范畴由奇数代组成，代的序数以考察对象为基准。这样，对一个男人来说，他所从属的范畴与他的祖父和孙子是一样的，而他的父亲和儿子则从属于另一个范畴。不过，这种分类本身不可能解释，只能把它当作婚姻法则和继嗣法则直接或间接的结果，或者是两者之间复杂的相互作用。从逻辑上

① Van Gennep, *L'etat actuel du problème totémique*, 1920, p. 351.

说，它不能被看成是一种先在的现象。相反，每个有秩序的社会，无论有怎样的组织，或者有怎样的复杂程度，都必须以这种或那种居留形式得到确认；所以，我们有理由反过来把特定的居留规则当成一种结构原则来看待。

其次，这种以居留与继嗣的辩证关系为基础的解释，也具有非常大的优势，可以把典型的澳洲体系（如卡列拉人和阿兰达人）整合到一般类型学之中，把那些所谓不规则的体系也包括进来。这里，我们没有必要始终坚持比较次要的方面，因为这种一般分类学只能以社会学意义上的特征为基础，将图腾信仰和习俗放在一边：在卡列拉人中，图腾信仰和习俗只占有次要的地位，尽管阿兰达人有所不同，可是，虽说阿兰达人的图腾信仰和习俗很重要，却属于与婚姻法则截然不同的领域，也似乎影响不到婚姻法则。

二

很明显，埃尔金的研究所具有的原创性，就是从图腾制度的角度重新检验了澳洲社会。他提出了用来定义图腾体系的三个标准：**形式**，或者说图腾在个体和群体之间是怎样分布的（依据某个氏族或胞族中的性别或身份等）；**意义**，根据与个体有关的图腾所能起到的作用（作为助手、保护人、同伴，或者作为社会群体或膜拜群体的符号）；**功能**，与群体中图腾体系所起的作用有关（婚姻规定、社会和道德制裁以及世界观等）。

埃尔金进一步为两种图腾形式赋予了特殊的地位。“个体”图腾主要是在澳洲东南部发现的。这种形式包含着某个巫师与某种特定的动物物种(通常是爬行动物)之间的关系。这种动物既能够作为善人或恶棍,也能够作为信使或密探,为巫师提供帮助。众所周知,巫师经常用被驯服的动物来证明自己的权力。据记载,这种图腾形式分布于新南威尔士的卡米拉罗伊人和库尔奈人中,我们在远至丹皮尔地的北部地区也能够发现这种图腾,它坚信,神话中的蛇就活在巫师的体内。这种在图腾与人之间假想的同一性,离不开一种食物禁忌,吃掉了这种动物,就等于吃掉了自己的同类。更为明显的是,动物学意义上的物种似乎也成了物种的灵魂与巫师的灵魂之间的中介。

在远至新南威尔士和维多利亚地区的埃尔湖,我们也可找到"性"图腾。迪埃里人把两性与两种植物联系了起来。有时候,也包括一些"鸟":如蝙蝠和猫头鹰(迪埃里人);蝙蝠和啄木鸟(沃里米人);鸸鹋—鹪鹩和大啼鸟(库尔奈人);鹪鹩和蝙蝠(尤因人)。在所有这些部落中,我们列举出来的图腾都是性别群体的标记。如果男性图腾或女性图腾受到了另一个性别的代表的伤害,整个性别群体就会感到遭到了侵犯,男人和女人们为此争吵不休。这种象征功能的基础,就是人们相信,每个性别群体都通过动物物种构成了一个生命共同体。就像沃乔巴卢克人所说的那样:"蝙蝠的生命就是男人的生命。"我们并不非常了解土著人是怎样解释这种亲合性的:究竟是因为相信每个性别都体现为其相应生物的形式,还是因为存在一种朋友或兄弟的关系,或者是因为在神话中祖先拥有动物的名称。

唯有在新南威尔士和维多利亚海岸,我们会发现一些罕见的例外情况:性图腾似乎与母系胞族有联系。所以才会有这样的假设，即与性图腾相应的一种企图更强烈地“区分”女性群体的欲望：在库尔奈人中，女人通常通过杀死一只男性图腾，迫使男人有所顾忌，无法提婚；这样，就会引起一场争斗，而结束这场争斗的唯一方式就是订婚。不过，罗海姆(Roheim)从芬克河的阿兰达人到西北部地区的阿鲁里加人那里也发现了性图腾。阿兰达人拥有一种具有仪式性的父系胞族，与地方图腾膜拜或“胎系”图腾制度都没有什么关系，稍后，我们将会谈到这一点。可是，他们的其他习俗或制度却与库尔奈人很相似。在阿兰达人中，女人有时候也举行成年礼：一般来说，为了确认她的子女的图腾，她本人必须宣布她是在哪儿怀孕的；偶尔，也会举行一些带有色情味道的、特别有女性色彩的仪式舞蹈。而且，我们至少可以说，阿兰达人会像尊重自己的图腾那样去尊重母亲的图腾。

三

有关澳洲图腾制度的重大问题，就是与婚姻法则有关的问题。我们已经看到，即使是最简单的婚姻法则，也会把群体划分成胞族、分区和次分区。我们极有可能倾向于用2—4—8这样一种“自然”序列来解释上述系列。于是，分区源于胞族的成倍增加，次分区源于分区的成增倍加。可是，确切意义上的图腾结构在这种生成过程中究竟起到了什么样的作用呢？或者更一般地说，在澳洲社会中，社会组织与宗教之间究竟有什么样的关系呢？

就此而言，北部阿兰达人引起了研究者的长期关注，因为他们既有图腾群体，也有地方群体和婚姻分类，这三种结构类型之间并没有明确的关系，似乎处于不同的层面上，各自独立地产生作用。相反，在东金伯利和北部地区的边境，据说有一种社会结构和宗教结构合生的状况；倘若如此，前者就不再能够保证婚姻的规则了。在那里，似乎次分区、分区和胞族都是图腾制度的形式，它们既关系到人与社会的关系序列，也关系到人与自然的关系序列。① 实际上，在这里，婚姻规则的基础并不是群体成员的身份，而是亲属关系。

在某些次分区社会中，是否不会出现这种情形呢？在阿纳姆地的东部，次分区所拥有的是一种特殊的图腾，也就是说，婚姻的法则与图腾的从属关系是合并在一起的。在北部地区和金伯利的穆林巴塔人和荣曼人（他们的图腾与命名过的地域性有关，与社会群体无关）中，也存在同样的情形，由于人们有一种精妙的理论，认为胎儿的精灵通常会小心翼翼地守在他渴望加入的次分区中的女人的胸口，这样，图腾与次分区之间理论上的一致关系就得到了人们的尊重。

可是，凯蒂什人、北阿兰达人和西北落里查人的情形却完全不同。他们的图腾制度是“胎系的”，也就是说，每个孩子的图腾已经不再是他父母的图腾，也不是他祖父的图腾，而是在神话上与母亲发现自己怀有身孕的地方（或邻近地区）有关的动物、植物或自然现象的图腾。人们经常采用这种表面上似乎显得很随意的规则，因为胎儿的精灵会细心选择与图腾祖先的母亲属于同一次分区的

---

① Elkin，“Studies in Australian Totemism：Sub-section，Section，and Moiety Totemism”，*Oceania*，Vol. 4，No. 1，1933a，p. 66.

女人。斯宾塞(Spencer)和吉兰(Gillen)曾经解释说，以下这样的情况依然可能会发生：阿兰达人的子女并不一定属于他父亲一方或母亲一方的图腾群体，根据母亲偶然意识到自己怀有身孕的地点，同一对夫妻所生的子女也有可能属于不同的图腾。

所以，次分区的存在并不能够依据这种单一标准来充分认定被同化的社会。有时候，次分区会在影响不到婚姻规则的情况下，与图腾群体混同起来，这需要根据关系的强度来确定。有时候，次分区也可以发挥婚姻分类的作用，不过，如果这样，它们就不再与图腾的从属关系直接有关了。

在分区社会中，我们也可以发现同样的不确定性。有时候，图腾体系类似于分区体系，有时候，许多图腾氏族会被划分成与四个分区相应的四组。当分区体系将孩子分派到不同于他父亲一方或母亲一方的分区中(实际上，这种分区类型是根据属于同一胞族的母亲的分区而变化的，这种传递模式也被赋予了非直接的母系继嗣的名称)，子女的图腾必然与父母的图腾有所不同。

对于胞族社会，而不是对于分区或次分区社会来说，则是一种周边分布。在澳洲西北部，胞族的名称是根据两种袋鼠来取的；在澳洲西南部，则是根据两种鸟来取的：白色凤头鹦鹉和乌鸦，或鹰和乌鸦；在澳洲东部，是两种不同类型的凤头鹦鹉：黑色凤头鹦鹉和白色凤头鹦鹉。

这种二元论扩展到了整个自然界，因此，至少从理论上说，所有存在和现象都被划分为两个胞族。这一倾向在阿兰达人那里表现得非常明显，在那里，有过记载的图腾算起来有 400 多种，分成了大约 60 个范畴。尽管各种(图腾的、亲属的和地域的)外婚规则受到了尊重，但胞族并不一定是外婚制的。最后，就像在周边社会，或者是伴以分区或次分区，或两者共存的社会中一样，胞族也是独立存在的。因此，拉弗顿地区的部落才会只有分区，没有胞族或次分区；而阿纳姆地的部落有胞族和次分区，却没有分区。最后，南吉奥梅里人也只有次分区，没有胞族或分区。所以，看起来，我们不能把胞族划入到用来构成分区起源之必要条件的生成系列之中（从某种角度来说，它们倒有可能是构成次分区的条件）；它们的功能也不是强制地或自动地规范婚姻；它们最一致的特征，就是通过把宇宙二分成两个范畴，与图腾制度发生联系。

四

现在，让我们来看看埃尔金称之为“氏族图腾制度”的这种图腾制度形式。澳洲氏族既有可能是母系的和父系的，也有可能是“胎系的”，也就是说，把所有可能同在一处的个体都结合起来。无论哪一种类型的氏族，通常说来都是图腾氏族，换言之，氏族成员必须遵从禁止食用某种或某些图腾的禁忌，他们有权利和义务去举行能够确保图腾物种繁衍生息的各种仪式。能够把氏族成员与图腾统一起来的关系，是从谱系（图腾是氏族的祖先）或地域（当一个群落通过他们的领地与图腾发生关系时，这个地方，既是图腾所处的地点，也是来自神话祖先体内、人们依然认为还活着的神的所在地）的角度依据部落来确定的。人们与图腾之间的关系甚至只是神话上的关系，就像在分区体系中，男人在他的母系胞族内，与他父亲的父亲属于同样的分区，拥有同样的图腾。

澳洲的母系氏族主要分布于东澳洲(昆士兰和新南威尔士)、维多利亚西部,以及西澳洲西南部的一小部分地区。由于人们在胎系上经常忽视(更应该说是否认)父亲的角色,所以才认为孩子从他的母亲那里,得到了能够使这支母系生生不息的一块肉、一滴血。因此,人们通常说,属于同一氏族的成员都是“一块肉”,在南澳洲东部的语言中,“肉”这个词也有图腾的意思。从氏族和图腾之间这种肉体上的同一性中,产生了两种规则,一是社会层面上的氏族外婚制,一是宗教层面上的食物禁忌:无论是饮食,还是交配,同类之间都不能混同。

一般而言,在这些体系中,每个氏族都有一个主图腾,以及为数众多的次级图腾或三级图腾,这些图腾都按照重要程度逐次排列。所有存在、事物和自然现象都统统被纳入到一个名副其实的体系中。宇宙的结构再造了社会的结构。

澳洲的父系氏族主要分布于西澳洲、北部地区和约克角半岛,以及昆士兰和新南威尔士的海岸与边境地区。同母系氏族一样,这些氏族也是图腾氏族,各有不同,每个氏族都与一种地域性的父系群落相融合,人们与图腾的精神联系不再是通过“肉”来确定的,而是从地域的角度通过在其领地中的图腾地点来确定的。这种情形依据图腾究竟是通过父系传递,还是通过“胎系”传递,会带来两种结果。

在第一种情况下,父系图腾制度并不会给地域性的外婚制添加任何内容。宗教与社会结构可以达成和谐的关系:对个体身份来说,甚至可以相互复制。这与我们在母系氏族中所看到的情况刚好相反,因为澳洲的夫妻通常都是从父居的,所以,继嗣规则与居留规则之间的关系是不和谐的，两者的效果共同决定了个体的身份，确切地说，个体的身份既不是父亲一方，也不是母亲一方。* 而且，图腾制度与土著人的生育理论也没有什么关系。属于同一图腾，只能说是一种地域现象，只能说明群落的团结。

当图腾靠"胎系"的方法来确定时（阿兰达人所依据的是怀孕地，南澳洲西部氏族所依据的是出生地），情况就更复杂了。就此而言，既然居留形式也是从父居，那么在每一种情况下，怀孕地和出生地都应该属于父方群落，因此也会保存一种非直接的父系图腾传递规则。倘若出现了例外情况，当家庭正在迁移时，在这样的社会中，子女的图腾就只能是属于父方群落的图腾。因而，在阿兰达人（至少是北阿兰达人）那里，我们并没有发现图腾外婚制的规则，无论作为结果，还是作为一种彼此共有的特征。所有这些，都意味着外婚制的规则只能与亲属关系或次分区体系有关，这两者完全独立于图腾氏族。** 值得注意的是，相对说来，父系氏族社会中的食物禁忌应该更灵活些，有时甚至根本就不存在（如雅拉尔德人），而确切意义上的食物禁忌似乎应该常见于母系氏族。

如果我们能够顺带提到埃尔金所描述的最后一种图腾制度形式，即"梦的图腾制度"，就更满意了。这种图腾制度，是在澳

---

* 《亲属关系的基本结构》定义了"和谐"和"不和谐"这两个术语，同时也考察了这两个术语的含义。——英译注

** 这样，斯宾塞和吉兰的有关记载就受到了挑战（参见 Lévi-Strauss, *La Pensée sauvage*, Paris, 1962, ch. III）。目前，我们只能注意到，甚至根据一种现代的解释（Elkin 1954），阿兰达人的制度仍然明显不同于北方和南方邻近部落的制度。——英译注

洲西北部的卡拉杰里人和分布于南澳洲两个地区中的迪埃里人、马孔巴人和落里查人那里发现的。当未来的母亲第一次发觉自己已经怀有身孕时，有时候吃掉一块肉（因为这块肉特别肥，所以人们认为它具有一种超自然的特征），这时，就会出现“梦图腾”。这种“梦”图腾与“膜拜”图腾不同，它是依据子女的出生地来确定的。

对上述现象的长期分析是在其他著作中重新进行并最终完成的，这里，我们只对这一分析进行一番极其简要的概括和评论。在上述分析之后，埃尔金认为，澳洲的图腾制度具有各种异质的形式。所有这些形式都结合在一起：例如，分布于南澳洲西北部的迪埃里人，就同时拥有胞族图腾、性图腾、母系氏族图腾以及与从父居有关的膜拜图腾。而且，在这些土著人中，除了对父亲的膜拜图腾（这是他本人传递给他儿子的唯一图腾形式）外，对舅舅的膜拜图腾也得到了外甥的遵从。在北金伯利，我们可以发现由胞族、从父系地域性群落和梦决定的图腾制度形式是相互关联的。南阿兰达人拥有父系图腾膜拜（与梦图腾融合在一起）和从舅舅那里继承下来的图腾膜拜；在其他阿兰达人那里，则是一种个体的“胎系”图腾制度，这与对母方氏族的遵从有关。

因此，我们应该对这些不可再化约的“种类”做出区分：个体图腾制度；社会图腾制度，其中我们还可以区分出许多变体，即由性别、胞族、分区、次分区和氏族（包括母系氏族和父系氏族）决定的图腾制度；膜拜图腾制度，这种图腾制度既具有宗教的特性，也包括两种变体，一个是父系图腾制度，另一个是“胎系”图腾制度；最后，是梦的图腾制度，也分为社会的和个体的两种。

五

我们已经看到，埃尔金所采取的步骤，就是首先对图腾制度的理论家们所求助的充满杂质或过于夸大的混合物持一种确当的反对态度，这些人之所以这样做，目的是把图腾制度确立为反复出现于众多社会中的一种独特的制度。毫无疑问，那些追随拉德克利夫-布朗的澳洲人类学家，为实施这些调查做出了巨大的努力，这些努力也是全新阐释澳洲事实的必不可少的基础。不过，由于他并没有拒绝接受当代最富创见的人类学学派或者其领袖所享有的令人羡慕的称誉，所以人们也许会产生怀疑：他是否能够不让自己从理论上和方法论上陷入不是不可避免的两难境地。

尽管他的研究表现为一种客观和经验的形式，但似乎埃尔金所从事的工作，正是重新构建已经被美国批评家彻底瓦解的领域。埃尔金对拉德克利夫-布朗的态度更加模棱两可。1929 年，拉德克利夫-布朗本人也像博厄斯一样，对图腾制度表现出一种否定的态度；但他却依然非常强调澳洲的事实，他所提出的区分其实也与埃尔金的区分没有什么不同。可是，就在拉德克利夫-布朗运用这些区分来阐发图腾制度的概念时，埃尔金却采取了另外一种方式。尽管澳洲图腾制度形式多样，但他不像泰勒、博厄斯和拉德克利夫-布朗一样，并没有得出结论说：图腾制度是前后矛盾的，倘若重新细致地检验这些事实，就会使图腾制度的概念土崩瓦解。埃尔金并没有让自己去否认这些形式的统一性，仿佛他认为，如果图腾制度可以还原为各种异质形式的多重性，就有可能把图腾制度的实在保留下来。对他来说，已经不再有单数的图腾制度了，只有复数的图腾制度，每一种图腾制度都是一种不可还原的实体。埃尔金并没有认为海达人的部落已经瓦解（这一点具有非常关键的意义，因为澳洲的事实在论证图腾制度的理论时所起到的作用很大），而是将其切分开，去处理一个个切片。不仅图腾制度的统一性是一种幻象，图腾制度的观念本身就是一种幻象。换言之，埃尔金认为，只要他能够让图腾制度**原子化**，就可以将其**物化**。可是，若有人想拙劣地模仿笛卡儿的公式，他完全可以以他有能力解决难题**为借口**，说他可以化解这道难题。

要是埃尔金与他绝大多数的前辈全然不同，不是一位大名鼎鼎的民族志学者，那么这种尝试就会是无害的，也许会被简单地划分为有关图腾制度的第四十二种、第四十三种或第四十四种理论。在这种情况下，就会存在一种风险：理论与经验现实相悖，而且还强烈地破坏现实。然而，这一切已经发生了：当人们宣布图腾制度是澳洲现实的一种综合模式时，澳洲事实的同质性和规律性被留存下来了，在人类学思考中获得了举足轻重的地位；或者，图腾制度被当成了一种真实的序列，即使它是多元的，不过，这里也有一种风险：这些事实本身往往会受到多元主义的影响。埃尔金并没有让理论更尊重事实，而是为了挽救理论而破坏了这些事实。可是，正因为他不惜一切代价去维护图腾制度的实在，所以他也冒险把澳洲的民族志降低到了这样的水平：仅仅把相互异质的事实收罗起来，而这些事实之间根本无法重新确立任何连续性。

那么，埃尔金究竟是在何种情况下发现澳洲民族志的呢？毫无疑问，大体说来，因为澳洲民族志逃脱不掉系统化精神彻底泯灭的趋势。正像我们看到的那样，澳洲民族志的一切都太吸引人了，使人们无法只考虑那些表面看来组织得最好的形式，无法按照其复杂性的渐次顺序来整理，进而无法不顾一切地低估那些很难适合上述形式的各个方面，如阿兰达人的图腾制度就属于这样的情况。

然而，面临这样的处境，有两条路可走：或者是把婴儿连同洗澡水一同倒掉，也就是说，放弃一切提供系统解释的希望，而不是重新从头开始；或者充满足够的信心，认为已经得到辨别的秩序轮廓能够扩展一个人的视野，进而寻求一种与形式整合性相适应的更为普遍的视角，这些形式的常规性已经得到了确认，其无法体系化的特点或许也得到了解释：这并不是它们天生具有的特点，而是因为它们曾有的定义是错误的，曾得到的分析也是不完整的，或者是因为人们看待它们的方式过于狭隘。

确切地说，上述问题明显是在这些术语、在与婚姻法则和亲属关系的关系中显露出来的。在另一本书中，我们将进行一般性的阐释，同时会考虑那些我们已经分析过的体系，以及人们认为违背或偏离常规的体系。我们试图说明，**倘若我们能够改变人们对婚姻法则和亲属关系普遍持有的概念**，就有可能对这类事实的一般性提供比较一致的阐释。

可是，在图腾制度中，埃尔金并没有想对这样的观念提出质疑（而是有所保留，用各种不可还原的变种去代替所谓社会学意义上的“种”，这样，这些变种本身就变成了种），而是让自己诉诸现象的片段。相反，对我们来说（尽管这不是我们论证该问题的地方[①]），

① 参见 Lévi-Strauss，*La Pensée sauvage*，ch. III。

我们最好通过采取上文指明的步骤，看一看我们究竟是否有可能为了构建一种完整的体系，扩展解释的范围，添入一些补充性的维度，此时要把社会和**宗教**现象统统混合起来，即使图腾制度的综合性概念此前就已经做出让步了。

六

既然一切的起点都是类别的演算过程，那么还是让我们回到这个问题上来。我们已经指出，许多作者都把这一过程解释成一种生成的序列。实际上，事情并没有这样简单，因为胞族本身并不能“转换”成分区，分区本身也不能“转换”成次分区。这一逻辑图式并不像有人假设的那样，是由按照 2—4—8 次序来排列的三个阶段构成的，而是这样一种类型：

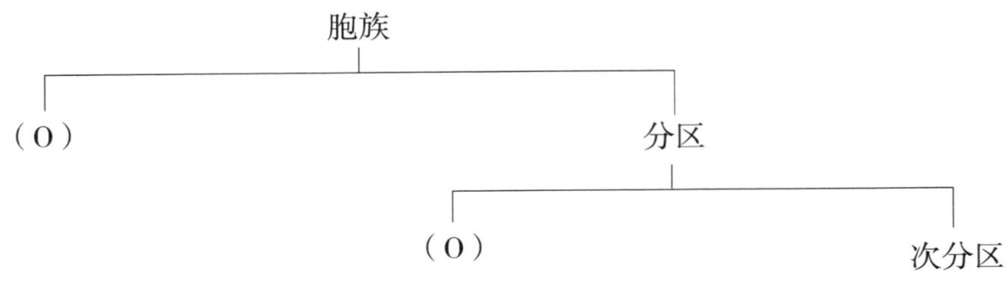

换言之，一个体系只能有胞族，或分区，或次分区，或者进一步说，就像埃尔金说明的那样，是由这三种形式中的两种形式构成的，把第三者排除在外。然而，我们由此是否就肯定能够得出结论说，这些归类模式的理由不能建立在社会学的层面上，而只能在宗教的层面上找到呢？

让我们先来看一看最简单的情况。长期以来，二元组织理论都受到了胞族体系相互混同的困扰，在制度化状态中，胞族体系是经验上的和可观察的，二元论作为一种图式，常见于胞族体系中，但根据客观化的程度不同，其他地方也可能有所反映，甚至是普遍存在的。所以，这种二元图式就不只存在于胞族体系中，也同样存在于分区体系和次分区体系中；事实证明，分区和次分区常常是2的倍数。因此，如果有人问，胞族体系是否迟早都必然先于更复杂的形式存在，这就是个假问题了。只要这种图式被制度化了，就会产生这样的情况；不过，二元图式也可以在制度的层面上直接设定一种更发达的形式。所以说，我们可以这样认为：根据不同的情况，通过重新吸纳复杂的形式，也有可能形成简单的形式，或者说，复杂的形式确实迟早都会先于简单的形式。前一种假设得到了博厄斯的认同，当然，这并不是唯一可能的手段，因为我们自己就亲眼见到过，巴西中部的南比夸拉人是怎样组建这种二元组织的：他们的办法并不是减少众多群体的数量，而是将两种以前各自独立的简单的社会单位结合起来。

因此，我们不能将二元图式当成一种原始社会结构，或是先于其他结构的社会结构。至少从图式的角度来说，它构成了胞族体系、分区体系和次分区体系的共同基础。然而，这种推断却不能想当然地扩展到上述所有形式，这是因为，在澳洲土著人看来，四元图式和八元图式与二元图式就不同，它们不能**独立于**能够展现这种结构的**具体制度**而存在。据记载，在整个澳洲只有一个被划分为四个分区的部落（每个分区的名称都是根据不同种类的雀鹰来取的）也许源自一种比较彻底和系统的四元图式。而且，倘若分区和次分区的划分与它们的社会功能无关，那么我们就应该发现它们的数量有多少。说分区通常有四个，次分区通常有八个，都不过是同义反复，因为它们的数量就是它们的一部分定义；可是，很显然，澳洲人类学家并没有发现这必然会带来其他的说法，从而勾画出直接交换体系的特征。在澳洲，也有存在六分体系的记载；但这些社会实际上也是一些含有四个分区的社会，频繁的通婚使这些分区通常用同一个名称来指称两个相应的分区：

第一种社会			第二种社会
a	(c	=	e)	g
b	(d	=	f)	h

其实，拉德克利夫-布朗也曾指出，对婚姻规则来说，卡列拉人与其说与相应的分区成员身份有关，还不如说与关系的强度有关。在阿纳姆地的乌兰巴人（以前曾经被称为孟金人）中，次分区根本不会影响到婚姻规则，因为婚姻是以母系中女方交表婚的形式来规定的，这更符合四分体系。更普遍地说，尽管合意的或指定的配偶通常都属于一个特定的类别（分区或次分区），却不是占据这一类别的唯一人群。所以才会有这样一种观点：婚姻规则并不是分区的唯一功能，甚至也许不是分区的主要功能；按照埃尔金等许多作者的说法，在部落间举行的仪式中，这些分区反而会根据仪式的需要，构成一种能够把个体划分为各种亲属范畴的简洁易行的办法。

当然，它们也是通过一种简化的符码来满足上述功能的，当方言或语言间的等价物出现问题时，这种符码就更便于使用了。正因为对于与每个群体相适应的亲属关系体系来说，该符码被简化了，所以必然会忽略群体间的差异。不过，如果它能够满足它的功能，也不会与更复杂的符码发生矛盾。当人们确认每个部落都具有用来表达其社会结构的两种符码时（一方面，是婚姻规则和亲属关系，另一方面是被划分为分区或次分区的组织），根本用不着，甚至会排除这样的条件：各种符码就其本身来说必须得传递不同的信息。信息总是相同的；只有环境和接受机制会有所不同："孟金人的次分区建立在婚姻和继嗣体系的基础上，本质上说是一种亲属关系结构。它们通过把这些亲属归为一类，用一种说法来称呼它们，进而用大量的亲属来概括规模更大的亲属关系结构。借助这样的再归类过程，所有亲属关系的称呼就会缩减为八个，因为次分区体系只有八个部分。"①

在部落间举行的集会中，这种方法非常有用："好些人从几百英里以外来参加这些重大的仪典……他们**亲属关系**的称谓全然不同。既然分区的称呼实际上都是一样的，只包括八个部分。那么要想发现一个人的次分区与陌生人的关系，相对来说是比较容易的。"②然而，我们在别处也曾说过，下述结论并不正确："……与许多老作者的意见相反，次分区和分区体系并不能规定婚姻……因为男人和女人的关系最终决定了他们究竟跟谁通婚。如果[孟金人中的]一个男人属于 A1 或 A2，那么他可以与属于 Bl 或 B2 的女人通婚。"③

① Warner, *A Black Civilization*, 1958, p. 117.

② 同上书，第 122 页。

③ 同上书，第 122—123 页。

即便如此,可是,(1)他不能与其他任何人通婚,这一体系是在四分区的层面上,而不是在次分区的层面上按照自己的方式来体现婚姻规则的;(2)甚至在次分区的层面上,既然人们交替实行两种类型的婚姻,就应该重新确立分类关系与亲属关系之间的一致性;(3)"老作者的意见"都离不开对这些群体的考察,但他们本人也许没有考虑到八分体系所具有的社会学意涵,至少可以说,这些群体与八分体系完全一致。其实,孟金人的情况并非如此,我们不能把它放在同一层面上来考察。

所以,无论我们怎样回到婚姻类别的传统概念上来,都没有什么道理。

我们只能把四分体系解释为社会学意义上的双重二元图式的整合过程(从历史上说,一方并不必然先于另一方存在),八分体系也是同一过程的复制。即使四分体系并非本来就是胞族体系,我们似乎也有理由假设八分体系与四分体系之间有一种生成意义上的联系;推其原因,首先,如果不是这样,那么无论这一体系有什么样的次分区,我们都应该能够见到这一体系;其次,尽管双重的二元性依然是一种二元性,但三重的二元性也会引入一种新的原则。阿纳姆-潘泰考斯特(Pentecost)的六分体系就足以说明这种情况。不过,澳洲显然缺少这样的体系,[①]所以,八分体系才会成为

① 有人则依然坚持相反的意见(Lane,"Varieties of Cross-cousin Marriage and Incest Taboos:Structure and Causality",*Essays in the Science of Culture*,1960)。不过,尽管被称作卡拉杰里类型的体系在理论上只按照三个序列发挥作用,但自从埃尔金本人证明存在第四个序列(Elkin,*The Australian Aborigines*,1954,再版于1961,pp. 77—79)以来,还没有记载表明存在一种真正意义上的三重关系。

依照 2×4 法则来运算的唯一结果。

那么，我们怎样来解释埃尔金所引证的例子呢，次分区似乎纯粹是图腾的，根本不带有婚姻规则的性质？首先，他所采用的这些例子并不完全是确证无疑的。让我们先来看看孟金人的情况。次分区体系并非与婚姻规则无关，它是通过一种带有创造性的、复杂的方式来运作的，唯一目的就是重新确立一种对应关系：在构建次分区的过程中，土著人（通过引入一种适用于两种婚姻类型之一的可选择的婚姻法则）改变了他们的机制，从而消除了次分区划分对婚姻交换所产生的影响。从这个例子中，我们只能得到这样一个结论：在求助于次分区的过程中，孟金人并没有尝试采取一种能够维护社会整合的比以往更好的方法，或者采取以不同原则为基础的方法。在保留传统结构的过程中，他们像有些人所说的那样，通过从邻近部落中挪用来的外在标志将传统结构伪装起来，进而赢得澳洲土著人借助极其复杂的社会制度而唤起的敬佩感，将这种结构装扮一新。

诸如此类的其他例子也很常见。穆林巴塔人原来只有父系胞族，而最近一些非常聪明的土著人却在胞族中引入了次分区，这些人都曾经是杰出的旅行家，经常从外部寻找某些有启发意义的做法，因为在那里，他们能够完全控制次分区的运行机制。甚至当他们不被人们所理解时，即使这些规则随处遭到人们的反对，也会享有相当大的声誉。毋庸置疑，次分区体系对这些部落来说具有一种不可抗拒的吸引力。然而，由于原有体系具有一种父系的特征，所以有许多次分区是胡乱指定的，结果，从常规的角度来看，即使亲属关系依然得到了人们的尊重，大量的婚姻也是不规范的。[①]

有些时候，从外部强加的体系也无法让人理解。斯特莱罗（T. G. H. Strehlow）就曾比较过两个南方阿兰达人的经历，尽管他们由来自北方的近邻被划分成不同的次分区，但他们自己仍然经常彼此以兄弟相称：

> 有两个南方的老年男人，他们已经被新来的人划分成两个不同的类别，因为其中一个人的妻子来自一个八分群体；根据陌生人的看法，这种婚姻已经“合法”了。这样，他们就确立了他们的解释，用略带尖酸的口吻评说着北方阿兰达人，因为他们总想把自己的体系强加给古老的南方地区，在这里，根据能够追溯到古老过去的记忆和传说，人们原来是按照四分体系的次序来生活的。
>
> “对我们这两个南方人来说，原来的四分体系当然更好；我们无法理解八分体系究竟是什么东西。这种体系既颠来倒去，又毫无目的，只适于北方那些疯疯癫癫的阿兰达人；我们根本就没有从**我们的**祖先那里继承过这样愚蠢的传统。”[②]

所以，我们完全可以想象，每个时代都有分区和次分区被发明或复制出来，或被聪明人挪用而来，这些组织的功能首先是社会学意义上的功能，也就是说，它们能够，而且依然能够以超越部落界

① Stanner, “Murinbata Kinship and Totemism”, *Oceania*, Vol. 7, 1936.

② Strehlow, *Aranda Traditions*, 1947, p. 72.

限、亲属关系体系和婚姻交换体系之外的比较简单的形式来进行编码。不过，一旦有了这些制度，它们就会逐渐成为一种独立存在，成为人们好奇或审美的对象，或者由于其具有丰富的意涵，成为一种更高级的文化类型的象征。它们为了自身的目的，必须经常被那些还无法全面了解其功能的邻近群体所采纳。在这种情况下，它们也只能近似地符合原有的社会规范，甚至根本不符合这些规范。它们的存在方式是意识形态的，土著人只能把这些分区或次分区拿来“玩一玩”，在根本不晓得怎样运用它们的情况下去服从它们。换言之，与埃尔金的说法相反，**并不是因为它们具有图腾的特征，所以上述体系才必然被当成是不规范的体系；而是因为它们首先是不规范的，才会被看作具有图腾的特征**，只有图腾制度，而不是社会组织，才会借助其纯粹思辨的、毫无根据的特征提供一种可能让其本身发挥作用的唯一层面。不仅如此，就两种情况来说，“不规范”的说法也有不同的含义。埃尔金之所以引证这些例子，是想含蓄地谴责为确立一种系统类型学所做的一切努力，他倒想用一种简单的发明，或者是用对各种异质模态的经验描述来取代系统类型学。然而，在我们看来，“不规范”的说法并不会与常规形式的存在发生矛盾；它只适用于病态的形式，并不像某些人以为的那样频繁发生，它的实在（假设我们已经明确确立了这种实在）并不与具有常规形式的实在处于同等水平。恰如马克思所说，皮肤上的疹疱并不像发疹的皮肤那样来得实在。

进一步说，难道在埃尔金的经验范畴背后，人们不能确定一种体系的轮廓吗？埃尔金也曾将母系氏族的图腾制度与父系氏族的图腾制度对立起来，而且言之凿凿。在前一种情况下，图腾是

“肉”，在后一种情况下，图腾是“梦”；在前一种情况下，图腾是肌体和物质意义上的，在后一种情况下，图腾是精神和非肉体意义上的。而且，母系图腾制度证实了氏族历时的和生物学意义上的连续关系，肉和血都可以通过世系中的女人确保代代相继；但父系图腾制度所表达的却是“人群地域意义上的团结”，或者说是一种外在的联系，这种联系不再是内在的，而是地缘性的，不再是生物学的，而是通过共时的而非历时的方式将氏族成员统一起来。

这一切都完全属实，那么我们是否可以由此得出结论，说我们正在处理的是不同的社会学“种类”呢？即使把这种对立关系颠倒过来，也于事无补：母系图腾也有一种共时的功能，在每一个来自不同氏族的配偶从父居的地区，这种功能可以将部落群体的不同结构表达出来。反过来说，父系图腾制度也有历时的功能，它可以通过膜拜群体的宗教仪式，也就是在特定地区中神话祖先的确认仪式，定期通过纪念的方式来表达某一人群暂时的连续性。

所以，尽管这两种形式看起来是异质的，却似乎有一种互补的关系。通过转型，就可以实现从一方到另一方的过渡。尽管这些手段多有不同，但它们却确立了物质世界与精神世界、历时性与共时性、结构与事件之间的联系。这是两种虽有所不同，却相互关联的方式，两种有可能在他者之间将自然与社会的并行特征展现出来的方式。

埃尔金在将图腾制度切分成各种独特的实体后，也强烈地感受到了这一点，所以，他才会力图返回到这些实体所具有的某种统一性上来。他总结说，所有类型的图腾制度，都具有一种双重的功能，换言之，一方面可以表达人与自然之间的亲属关系和合作关系，另一方面可以表达过去与现在之间的连续性。可是，这一公式太过模糊、太过空泛，人们无法理解为什么这种暂时的连续性需要人们最早的祖先必须具有一副动物的外表，为什么社会群体的团结必须通过膜拜的多元形式来确定。埃尔金首先试图定义的是，无论是各种各样的图腾制度，还是所有类型的哲学和宗教，都具有这样的特征："面对人们的日常需求，哲学……可以提供信念、希望和勇气，如果人们要想维护和坚持让自己同时成为一种个体存在和社会存在，就必须拥有这一切。"①

难道如此多的观察和如此多的考察都必然会最终得出这样的结论吗？在我们看来，埃尔金这些内容丰富、颇有洞见的考察与上述概括性的综合之间并没有什么联系。这两个层面之间的鸿沟，不可避免会使我们回想起：在18世纪，一些人在批评格雷利(Grétry)的和谐论时曾经说过，在他的高见与低能之间，你尽可以驾驶一辆四轮马车往来穿行。

① Elkin, "Studies in Australian Totemism: The Nature of Australian Totemism", *Oceania*, Vol. 4, No. 2, 1933b, p. 131.

第三章　图腾制度的功能主义理论

一

我们已经看到埃尔金是怎样试图解救图腾制度的：他分派部分兵力让美国的进攻长驱直入，同时又从两翼重新集结他的部队，一方面，在分析上要比他的前辈做得更精致些，另一方面，在综合上要显得他的前辈更迟钝些。不过，这种策略也确实反映了他摆脱不掉的主要影响，这种影响反而把他带入了相反的方向：从拉德克利夫-布朗那里，他获得了细致的观察方法和对分类的品味，不过，马林诺夫斯基的影响则使他经常草率作结，采用折中的解决方案。埃尔金的分析能力得自拉德克利夫-布朗的教诲；而他综合方面的尝试却离不开马林诺夫斯基。

实际上，马林诺夫斯基也接受了图腾制度的实在。不过，他对美国批评家的回应并不像埃尔金那样，以把图腾制度切分为各种不同实体为代价，在事实的基础上重新构建图腾制度，而是为了从直觉上把握图腾制度已有的统一性和纯粹性，率先超越了观察的层面。结果，马林诺夫斯基所采取的视角与其说是人类学的，不如说更带有生物学和心理学的色彩。他所提供的解释也是自然主义、功利主义和感性的解释。

对他来说，所谓图腾制度的问题可以简化为三个问题，只要我们分别来处理它们，就很容易解答。首先，为什么图腾制度会与动物和植物有关呢？这是因为，它们可以为人类提供食物，因为食物需求在原始人的意识中占有优先地位，能够唤起强烈和多变的情感。所以，我们不必感到奇怪，某些作为部落常备食品的动物和植物物种，应该成为部落成员最主要的关注点：

> 从茫茫荒野到野蛮人的肚皮，再到他的心灵，这段路程并不长，对他来说，这个世界就是一片毫无差别的土地，在那里，有用的东西，特别是可吃的东西，各种各样的动物和植物都会醒目地突现出来。①

第二个问题是，在人与动物和植物的亲合关系中，信仰的基础是什么，生殖仪式、食物禁忌、饮食的神圣形式是什么。人与动物的亲合性显然是名副其实的：与人一样，动物也会行动、发声、表达情绪，也有一副躯体和一张脸。而且，动物的能力似乎比人类还要强：鸟会飞，鱼会游，爬行动物会蜕皮。动物占据着人与自然的中间位置，而且能够在人的心中唤起各种相互混杂的感受：敬慕与畏惧，对食物的贪欲，所有这些都是图腾制度的成分。不能活动的东西，如植物、自然现象或者是人类制造出来的物品，都只能呈现为一种“次级形态……它们与图腾制度的实质无关”。

对各种膜拜来说，与之相应的是控制物种的欲望，无论是可吃

① Malinowski, *Magic, Science and Religion*, 1948, p. 27.

的、有用的或是有危险的物种，它们相信这样一种力量可以带来一种生命共同体的观念：人与动物必须在本性上相互渗透，从而使人有能力作用于动物。于是，就有了如禁止杀死和食用某类动物等"各类明显的限制"，以及有关人的力量可以繁衍生息的相关说法。

最后一个问题，与图腾制度社会和宗教这两个方面之间的一致性有关，因为长期以来人们只考虑过前一个方面。不过，之所以如此，是因为所有仪式都在向巫术发展，而所有巫术都带来了个体或家庭的专门化趋势。

> 在图腾制度中，每个物种的巫术繁殖都将在家庭的协助下，自然而然地转变成专家的义务和特权。[①]

当家庭本身开始转变成氏族时，为每个氏族分派一种不同的图腾，就不成问题了。

就此而言，图腾制度似乎完全是自然而然的：

> 所以，图腾制度表现为一种宗教对原始人为利用环境所做的努力的祈福，是对原始人"为生存而斗争"的祈福。[②]

这样，问题就被双重倒置过来了：图腾制度不再是一种文化现象，而是"自然条件的结果"，从起源和呈现的角度来说，图腾制度

① Malinowski, *Magic, Science and Religion*, 1948, p. 28.

② 同上书，第 28 页。

属于生物学和心理学，而不是人类学。问题不再是去了解为什么图腾制度会在它存在的地方存在，针对图腾制度的不同形式的观察、描述和分析都只能提供次要的意义。剩下的只有一个问题：就是了解为什么图腾制度并非到处都有……

我们还是该小心些，不要假想图腾制度会像马林诺夫斯基的魔杖顶端上的那朵轻盈的（双重意义上的轻盈）浮云那样消失。问题已经完全转换过来了，也许只有人类学，以及人类学的成就、知识和方法才有可能从舞台上消失。

二

拉德克利夫-布朗到了临终之际，才通过将藏在这些理论家的幻觉背后的实际问题成功地分离和揭示出来，为解决图腾制度问题做出了具有决定意义的贡献。我们可以将其称为他的第二理论。不过，第二理论的发展必须以检验第一理论及其发展为起点，尽管这种理论从根本上比马林诺夫斯基的理论分析性更强、更严格，却还是得出了相似的结论。

也许拉德克利夫-布朗本人并不认同，但他的出发点确实与博厄斯有相通之处。同博厄斯一样，他也曾问过自己："图腾制度一词，在纯技术的意义上是否能够经受住考验。"他用几乎与博厄斯相同的口吻宣布，他的研究计划就是把所谓的图腾制度还原成一种人与自然物种之关系的特例，就像神话和仪式所设定的关系那样。

构成图腾制度观念的要素来自不同的制度。唯有在澳洲，我们才必须区分许多类型的图腾制度：性图腾制度、地域图腾制度、个体图腾制度，以及根据胞族、分区、次分区、氏族（父系氏族和母系氏族）和群落等划分的图腾制度。“这些图腾体系的唯一共同之处，就是确定各个分支的普遍趋势，社会是根据每个分支与某些自然物种或自然部分之间的联系被划分为各个分支的。而且，这些联系也具有多种多样的形式。”①

迄今为止，人们还经常尝试去确认每一种形式的起源。不过，由于我们根本不了解，或者说实际上并不了解原始社会的过去，所以这项工作还依然带有猜想和思辨的特点。

拉德克利夫-布朗希望采用自然科学所提出的归纳法来代替上述历史考察。所以，我们应该在经验复杂性的背后，去寻找某些简单的原则：

> 难道我们能够说明图腾制度是人类社会普遍现象的一种特殊形式，并在所有文化中表现为各种不同的形式吗？②

涂尔干最先借助这些术语构建了上述问题。尽管拉德克利夫-布朗非常敬重涂尔干，但并不同意他的观点，认为涂尔干有关神圣观念的分析很不完备。说图腾是神圣的，也就是说在人与他的图腾之间存在一种仪式关系，通过“仪式关系”来理解图腾，也就等于说图腾是一种由各种态度和强制行为方式所组成的集合。因

① Radcliffe-Brown, "The Sociological Theory of Totemism" (1929), reprinted in *Structure and Function in Primitive Society*, 1952, p. 122.

② 同上书，第 123 页。

此，神圣观念并不能提供这样一种解释；它指的只是仪式关系的一般问题。

为了维持社会秩序（倘若社会秩序得不到维持，我们就没有问题可供研究，我们所考察的社会就会消失，或转变成一个不同的社会），就必须确保构成社会的各个氏族具有持久性和团结性。这种持久性和团结性只能以个体情感为基础，而个体情感若要充分表达出来，就必须有一种集体表达被固定在具体的对象上：

个体的依恋感

↓

仪式化的集体行为

↓

表现群体的对象

所有这些，可以解释当代社会为诸如国旗、国王和总统等符号所赋予的地位。

可是，为何图腾制度会诉诸动物或植物呢？涂尔干针对这一现象，提供了一贯的解释：氏族的持久性和连续性只需要一种标志，它也许是，甚至首先必须是一种随意的记号，而且非常简单，以至于无论什么样的社会，甚至是缺少任何精致的表达手段的社会，都能够拥有它的观念。如果说，人们后来“认识到”这些记号所代表的是动物或植物，那是因为动物和植物就在眼前，很容易得到，也很容易指涉。所以，对涂尔干来说，图腾制度中动物和植物被赋予的地位，构成了一种延迟的结果。它本来应该是自然而然形成的，但并没有什么本质的东西。相反，拉德克利夫-布朗则认为，与图腾制度相比，人与动物之关系的仪式化过程，提供了一个更广泛、更普遍的框架，图腾制度必然是从这种框架中发展起来的。在没有图腾制度的人群中，也有这样的仪式态度，爱斯基摩人即是一例。此外，还有其他一些例子，与图腾制度毫无关系：安达曼群岛人为海龟举行的仪式活动，就在他们的维生手段中占有重要的地位；加利福尼亚印第安人为鲑鱼举行的仪式活动、所有北极地区的人群为熊举行的仪式活动，亦如此。事实上，我们在狩猎社会中可以到处发现这些行为模式。

如果没有社会分支，情况会依然如此；然而，一旦社会分支产生，仪式和宗教的分支也会自动地随之形成。所以，罗马天主教的圣徒崇拜，就是与堂区的组织化和宗教个人化倾向共同发展起来的。至少可以说，随着爱斯基摩人划分为“冬人”和“夏人”，以及相应的仪式二元图式的形成，爱斯基摩人也大体表现出了同样的趋势。

在以上我们随时随地都会看到的两重情况下：自然利益导致了仪式活动，仪式分支伴随社会分支而产生，图腾制度的问题便不复存在了，而是代之以一个不同的问题，后者的优势，就是具有更为一般的特点：“在我们所说的原始人中，为何其中的绝大多数都在他们的习俗和神话中采用了一种针对动物或其他物种的仪式态度？”①

① Radcliffe-Brown, “The Sociological Theory of Totemism” (1929), reprinted in *Structure and Function in Primitive Society*, 1952，第 129 页。

拉德克利夫-布朗认为，上述例子已经证实了这样的答案：每一个能够对社会物质财富或精神财富产生重要影响的事物和事件，都将会成为仪式态度的对象，这是我们到处都能发现的事实。如果图腾制度选择自然物种作为各个社会分支的社会标志，这只是因为这种物种在图腾制度之前就已经成为仪式态度的对象了。

所以，拉德克利夫-布朗将涂尔干的解释颠倒了过来，图腾之所以是仪式态度的对象（也就是涂尔干所谓的“神圣”），是因为图腾首先被认作成了社会标志。在拉德克利夫-布朗看来，自然被融入于社会秩序之中，而不是服从于社会秩序。实际上，在他思想发展的这一阶段，从某种意义上说，拉德克利夫-布朗将涂尔干的思想“自然化”了。他几乎不会认为，明显从自然科学那里得来的方法，会导致一种悖谬的结果：即在一个截然不同的层面上来确立社会现象。对他来说，说人类学应该应用自然科学的方法，就等于说人类学是一种自然科学。所以，人类学不足以在不同的水平上像自然科学那样进行观察、描述和分类；观察对象本身必须属于自然，即使不那么显要。有关图腾制度的最终解释，应该为社会分支赋予优先于仪式分支和宗教分支的首要性，因为仪式分支和宗教分支都同样是一种“自然”利益的功能。根据拉德克利夫-布朗的第一理论，一种动物之所以会成为“图腾”动物，只因为这种动物首先“好吃”，这也是马林诺夫斯基的说法。

三

不过，像马林诺夫斯基这样无人企及的田野工作者会更加了解，光靠一般性的方法，根本无法深入具体问题的根本。当他研究图腾制度时，所采取的并不是一般的形式，而是特罗布里恩德人（Trobriands）的特殊形式，生物学、心理学和道德上的考察都让位给了民族志，甚至是历史学。

在拉巴伊（Laba'i）村附近，有个叫作奥布库拉（Obukula）的山洞，在那里，共有四个氏族组成了特罗布里恩德社会，人们相信它们来自大地的深处。最先出现的是鬣蜥，是卢库拉布塔氏族（Lukulabuta）的动物；然后是狗，为卢库巴氏族（Lukuba）的动物；再后是猪，代表马拉西氏族（Malasi），目前是最主要的一支；最后是卢克瓦西西加氏族（Lukwasisiga）的图腾，根据神话的不同版本，分别为鳄鱼、蛇或袋貂。狗和猪开始到处乱跑；狗在地上发现了侬苦树（*noku*）的果子，嗅了嗅，就吃掉了。然后，猪对狗说："你吃了侬苦，你吃了脏东西，你就是下贱的。我应该是酋长。"所以，酋长的位置就归给了马拉西氏族的最高世系，而侬苦树的果子，只有到了食物匮乏的时候才会被采集，实际上也就被当成了一种低贱的食物。[①]

在马林诺夫斯基本人看来，这些动物在土著文化中并没有同等的重要性。按照他的说法，第一种动物（鬣蜥）以及后来出现的动物（鳄鱼、蛇或袋貂）都是不重要的，因为指定给相应氏族的级别比较低贱，但这种说法与他有关图腾制度的一般理论是矛盾的，因为这是一种文化解释，而不是自然解释，是社会学的解释，而不是

① Malinowski, *The Sexual Life of Savages in North-western Melanesia*, vol. II, 1929, p. 499.

生物学的解释。此外，为了解释氏族的等级次序，马林诺夫斯基也必须构建一种假设，根据这种假设，有两个氏族是来自海洋的入侵者的后代，而另外两个氏族则是土生土长的。这一假设是历史的假设，所以不是一般意义上的（与声称具有普遍性的一般理论相反），不仅如此，它也暗示狗和猪在神话中是作为“文化”动物出现的，而其他动物则是“自然”动物，因为它们与土、水或森林的联系更为密切。不过，如果有人走上了这条道路，或者是近似的道路，就必须首先回到美拉尼西亚的人种动物学上来（也就是说，这一部分土著人所拥有的有关某些动物的实证知识、对这些动物技术和仪式上的应用，以及对这些动物所持有的信仰），而不是依赖于特殊经验基础的功利偏见。而且，我们刚刚例举的这些关系明显是**构想出来的**，而不是**经验到的**。在阐发这些关系的过程中，引导心灵本身的与其说是一种实践目的，不如说是一种理论目的。

其次，不惜任何代价去寻求功利的做法，与无数事例都是矛盾的，在这些事例中，从土著文化的角度来看，图腾动物或植物并没有什么一眼看得出来的用处。若要完全符合原则，就必须采用利益的概念，为每一种情况赋予一种贴切的意义，只有通过这种方式，一开始就被设定的经验的紧迫性，才能逐渐转变成语言的戏法，预设理由（petitio principii）或同义反复。如果马林诺夫斯基通过把图腾物种还原成有用的物种，或者干脆是可吃的物种，那么他本人是无法坚持这条公理的（尽管这是他理论体系的基础所在）：他不得不马上提出一些其他的动机，如敬奉或恐惧。可是，为什么有人会在澳洲发现诸如欢笑、各种各样的疾病、呕吐和尸体等千奇百怪的图腾呢？

一味去追求功利主义的解释，有时会得出一种非常奇怪的辩证法。于是，麦康奈尔（Ursula McConnel）说，维克蒙坎人（Wik-munkan，澳洲北部的卡奔塔利亚湾）的图腾可以反映出一些经济上的利益：这些沿岸部落的图腾为儒艮、海龟、各种鲨、蟹、蚝及其他软体动物，还有“能够唤醒北风季节”的雷、“能够带来食物”的大潮，以及“人们相信能够确保捕鱼顺利进行”的小鸟。而处于内陆的人们所具有的图腾，也都与他们所处的环境有关：如丛林蝙蝠、沙袋鼠、“供动物觅食”的青草、竹芋和番薯等。

我们更难以解释为什么人们会对另一种图腾感兴趣，也就是“宣布亲属死亡”的流星。麦康奈尔紧接着指出，这是因为图腾具有正面的功能，或者相反，“像‘鳄鱼’或‘苍蝇’这样的图腾（在其他地方，也有蚊子），也许代表着某些危险的和讨厌的对象，具有负面的社会利益，因为这些动物不仅不能被忽视，反而有可能为使敌人或陌生人感到不适而得到强调。”[①]就此而言，我们会发现，无论从正面还是从负面的角度（甚至是由于毫无意义的原因），任何事物都可以说会提供某种利益，这样一来，功利主义和自然主义的理论就只能还原为一系列空洞的命题了。

而且，针对把某些朴素的功利主义单纯看作是有害的物种纳为图腾的做法，斯宾塞和吉兰长期以来都提供了一种更为令人满意的解释：“苍蝇和蚊子……就属于这类害虫，乍眼看来，我们很难理解为什么人们会举行使这些害虫大量繁殖的仪典……不过，我

① McConnel, “The Wik-Munkan Tribe of Cape York Peninsula”, *Oceania*, Vol. 1 (1930—1931), No. 2, 1930, p. 183.

们也必须牢记住一点，尽管苍蝇和蚊子本身极为让人生厌，却与土著人在每年特定的时期最希望看到的事物密切相关，即大雨。”[①]这也就等于说（这种说法也许可以扩展到图腾制度的整个领域），人们并没有觉得苍蝇和蚊子是**刺激**，而是把它们当成了**记号**。

在我们上一章中所考察的那本书中，弗思似乎也倾向于功利主义的解释。番薯、芋艿、椰子和面包果都是蒂科皮亚人的常备食物，所以也被看成是受到人们无比珍爱的食物。可是，如果我们想搞清楚为什么可吃的鱼类会被排除在图腾体系之外，那么上述解释就必须有所限定：在捕鱼活动之前，鱼是一种非常模糊、未曾分化的实体；它们并不像农场和果园中的植物那样能够明显让人看到。所以，捕鱼仪式就没有在诸氏族中得到划分；诸氏族也只是围着神圣的独木舟共同举行仪式，能够捕到鱼，就是他们的目的。当食物是某些植物的时候，社会所关心的是植物的生长；当食物是鱼类的时候，社会所关心的是怎样捕到它们。[②]

这样的理论确实很精妙，可是，即使接受了这一理论，它也依然说明人与其需要之间的关系是以文化为媒介的，而不是通过自然构想出来的。弗思本人就曾评论说：“对绝大多数的动物图腾物种来说，它们本身所具有的经济利益，并非完全就是题中之意。”[③]甚至对那些植物食物来说，弗思在另一本书中也指出，问题要比功利主义所提供的解释复杂得多。经济利益的观念也含有许多方

① Spencer and Gillen, *The Northern Tribes of Central Australia*, 1904, pp. 160—161.

② Firth, “Totemism in Polynesia”, *Oceania*, Vol. I, No. 3, p. 297.

③ 同上书，第 395 页。

面，不仅应该得到区分，也不能经常相互合并起来，不能将每个方面都与社会和宗教行为混合起来。所以，用作食物的植物应该按照重要性的大小依次纳入到等级次序中，而重要性则是依据以下因素来确定的：(1)这些植物在维持生计中的地位；(2)种植它们所必需的劳动；(3)为使它们繁茂生长而举行的仪式的复杂性；(4)收获仪式的复杂性；(5)支配主要种类的氏族在宗教上的重要程度，其中包括卡菲卡氏族（番薯）、陶马科氏族（芋艿）、塔夫阿氏族（椰子）、方加勒勒氏族（面包果）。弗思[①]记录的信息可总结如下表：

(1)	(2)	(3)	(4)	(5)
芋艿	芋艿	番薯	番薯	卡菲卡氏族
面包果	番薯	芋艿	芋艿	陶马科氏族
椰子	海芋（海芋属）	椰子	面包果	方加勒勒氏族
香蕉	椰子	香蕉	西谷	富西氏族（塔夫阿氏族屋）
海芋	香蕉	面包果	椰子	塔夫阿氏族
西谷	面包果	西谷	香蕉	（无）
番薯	西谷	海芋	海芋	（无）

这份表与图腾体系并不是相应的，因为植物在数量上多得多；由最高氏族支配的番薯，以及种植和收获番薯的仪式，也是最为复杂的，可番薯作为食物的重要性最低，在劳动需求上则处于第二位。

① Firth, *Primitive Polynesian Economy*, 1939, p. 65.

而“不是图腾”的香蕉树和西谷树却是更为重要的培植和收获仪式的对象，在重要程度上要比作为“图腾”的面包树和椰子树等大得多，如此等等。

四

可以说，拉德克利夫-布朗对自己最后30年的思想演变并没有一个明确的观念，因为他最后完成的几部著作依然紧紧追随着前几部著作所贯彻的路线。而且，上述演变也并没有逐次发生：我们或许可以说，在他那里，时常会共同呈现出两种倾向，根据不同的情况，时而会表达为一种倾向，时而则是另一种倾向。随着年纪的增大，每一种倾向也变得越来越明确，越来越精细，从而使两者之间的对立也变得越来越清楚了，可是，我们依然不可能说究竟哪一种倾向最终获得了优势。

所以，我们也不必感到奇怪，就在拉德克利夫-布朗阐发他最初的图腾制度理论10年后，他会在巫术问题上与马林诺夫斯基持有相反的看法，尽管他对这一现象的看法与对其他现象的看法很接近，却在很大程度上远离于他自己先前的看法。然而，马林诺夫斯基则以更为一贯的方式像处理图腾制度问题一样来处理巫术问题，也就是说，他参照了一些普通心理学的观点。这样，所有巫术仪式和仪轨都被还原成了人为地消除或减少他的焦虑而采取的一种手段，而这种焦虑是他从能够带来不确定的后果的做法中所感受到的。因而，在他看来，巫术具有一种实践和感情上的目的。

我们即刻就会注意到，马林诺夫斯基在巫术和风险之间所设定的联系根本不是显而易见的。只要有失败的风险，或者结果不能完全符合行动者的愿望，每一种做法都会包含有某种风险。不过，在所有社会中，巫术都占有一个包含某些做法、并受到明确限定的区域，而把其他某些做法排除在外。若使前者明确成为社会认为是不确定的做法，就要提出问题，因为没有什么客观的标准可以用来确定究竟哪一种做法，也就是独立于与仪式相伴的某些做法，是人类社会所做的多少带有风险的做法。众所周知，在社会中，有些带有某种危险的活动类型与巫术之间并没有什么联系。恩金多人（Ngindo）即是一例，这一规模较小的班图人部落，技术和经济水平都很低，在坦噶尼喀南部的森林中过着一种很不稳定的生活，在他们中间，养蜂业具有举足轻重的地位："鉴于养蜂是一种风险很大的业务，必须深夜里在可怕的森林中游荡，在令人眩晕的高处与可怕的蜜蜂接触，倘若没有出场仪式，就似乎是件令人感到吃惊的事情。可是，事实已经告诉我，危险并不必然导致仪式的产生。我们看到. 一些狩猎部落在追踪大型猎物时并没有多少形式性。对恩金多人的日常维持生计的惯例来说，仪式并未产生什么影响。"①

所以，马林诺夫斯基所设定的经验关系并没有得到证实。正如拉德克利夫-布朗所说，无论如何，这里提出的观点（而且，也只是对洛伊塞[Loisy]的观点的重新阐述）只有转换为其他形式，构

① Grosse-Upcott, "Social Aspets of Ngindo Bee-Keeping", *Journal of the Royal Anthropological Institute*, Vol. 86, Part II, 1956, p. 98.

成一个截然相反的论题，才会有可行性：

> ……也就是说，如果不是为了仪式以及与仪式有关的信仰的存在，个体就不会产生焦虑感，仪式的心理作用会为个体造成一种不安全感或危险感。如果不是为了以保护个体免遭危险为其纯粹目的的特定仪式的存在，安达曼群岛人似乎不可能认为吃儒艮肉、猪肉或海龟肉是一件危险的事情……所以，虽然某种人类学理论认为巫术和宗教能够为人们提供自信、舒适和安全感，但我们也同样可以说，它们也会给人们带来恐惧感和焦虑感，否则他们就会从中脱离出来……[1]

这样一来，就不再是因为人们转向巫术的某些情境而产生焦虑感了，而是因为他们在求助巫术时，这些情境给他们带来了焦虑感。不过，这种观点也适用于拉德克利夫-布朗有关图腾制度的第一理论，因为这种理论明确认为，对于那些能够给他们带来利益的动物和植物物种来说（我们应该把这些利益理解成自发形成的利益），他们采纳了仪式态度。难道我们有理由（像上述一系列图腾稀奇古怪的本性所表明的那样）坚持认为，这是因为人们只对那些他们能够从中找到利益的物种而采取遵从仪式的态度吗？

当然，我们可以想象，从社会生活形成伊始，直到今天，都始终有处于焦虑状态的人，在精神变态者中间，都始终贯穿着诸如此类

---

① Radcliffe-Brown, "Taboo" (1939), reprinted in *Structure and Function in Primitive Society*, 1952, pp. 148—149.

的强制行为模式；社会选择也像通过突变形成的自然选择一样，对这些大量的个体变异发挥作用，将那些有助于维护群体和维持秩序的个体留存起来，加以概化，并将其他个体剔除掉。不过，这一假设目前很难得到证实，在遥远的过去也不可能发生，而且，对有关仪式生灭无常的简单说法根本添加不了任何内容。

在用焦虑来论证解释大纲之前，我们必须知道实际上焦虑究竟是什么，在混乱无序的情感与最严格明确的行为之间究竟存在什么样的关系，究竟哪些因素可以被划分成某些特定的范畴。前者究竟能够为后者提供什么样的机制呢？焦虑绝不是根源，而是人们或隐或显地感知其内在无序状态的一种方式，他甚至不知道这究竟是一种身体上的无序状态，还是精神上的无序状态。若果真存在一种可理解的联系，也应该在已经得到明确说明的行为模式与理论必须有所说明的无序结构之间去寻找，而不是从感觉层面上在行为与对未知现象的反思之间去寻找。

马林诺夫斯基隐晦地采用的心理分析理论为自己设定的目的，就是告诉我们错乱人格所做的行为是象征性的，它的解释不能少了语法，也就是符码，这种符码与所有符码一样，在根本上都是超个人的。这种行为或许伴有焦虑，却不是焦虑所形成的。马林诺夫斯基论题的一个根本谬误，就是他把在最适当的情况中只能作为一种结果或伴生结果的东西当成了原因。

由于感性是人最捉摸不透的方面，所以才会有不断诉诸感性的诱惑，而将那些其实并不适用于解释，所以也将不能解释的东西遗忘掉了。素材并不是首要的，因为它是不可理解的：这一特征就足以表明，如果解释存在的话，就必须在另一个层面上去寻找。否则，我们只会满足于为上述问题贴上另一种标签，相信它已经得到解决了。

拉德克利夫-布期第一个阶段的思想就足以说明，是这种幻想促发了有关图腾制度的反思，也是这种幻想粉碎了弗洛伊德在《图腾与禁忌》一书中所做的尝试。众所周知，克鲁伯就曾经指责这本书既不准确，在方法上也不科学，然而20年后，他却在某种程度上改变了他的看法。1939年，他承认自己的说法是不公平的：杀鸡用牛刀，何必呢？倘若弗洛伊德像他似乎已经做过的那样放弃这样的想法：弑父行为曾是一种历史事件，那么就应该把这一事件看作是一种反复出现的本质的象征表达，一种通有的和永久的心理态度模式，而这种模式则离不开像图腾制度和塔布这样重复出现的现象或制度。①

然而，这不是一个真实的问题。与弗洛伊德的意见相反，社会约束无论是积极的，还是消极的，无论从起源的角度，还是从持存的角度，都不能被解释为重复出现的、历经成百上千年在不同个体身上均具有同一特征的冲动或情绪所造成的结果。这是因为，如果情感的反复性可以用来解释习俗的持久性的话，那么习俗的起源就应该与情感表现的起源是同样的，弗洛伊德的观点就不应该被改变，即使弑父冲动相应于某种典型的情境，而不是历史事件。②

① Kroeber, "Totem and Taboo: An Ethnologic Psycho-analysis", (1920) reprinted in *The Nature of Culture*, 1952, p. 306.

② 与克鲁伯不同，我们对《图腾与禁忌》一书的态度已经坚持有好几年了。参见*Les Structures élémentaires de la parenté*(1949), pp. 609—610。

我们不晓得，而且从来都不晓得植根于遥远过去的信仰和习俗的最初起源是什么；然而，就目前而言，我们可以肯定，社会行为并不是每个个体受到瞬间情绪的影响而自发形成的。人作为群体的成员，不能根据每个发觉自己是个体的事物而采取行动；每个人都应发觉自己是一种功能，其中，他只能得到准许或命令而采取行动。在唤起内在情感之前，习俗是作为外在规范被给予的，这些非感性的规范不仅决定着个体的情感，也决定着这些情感可能或必须得到呈现的环境。

而且，如果习俗和制度是从不断更新的事物中获得生命的，是由像它们源发其中的情感那样的个体情感所激发而成的，那么习俗与制度就应该掩盖感情的丰富性，而这种不断翻新的丰富性恰恰是它们积极的内容。我们知道，情况并非如此，习俗与制度所展现的连贯性通常是积习态度所造成的结果。无论个体属于什么样的社会，都几乎无法将原因归于这种符合：他所能说的一切，就是事物通常如此，他所做的就是人们以前曾经做过的。这样的反应似乎是绝对诚实的反应。服从和行为中并不会产生热情，只有每个个体因为在生活的某个时期从个人的角度亲密地体会到了社会信仰，进而接受这些信仰，上述情况才有可能发生。实际上，情绪当然是被焕发出来的，但只有当其本身无动于衷的习俗遭到破坏的时候，才会出现这样的情况。

由此看来，我们似乎正在回到涂尔干的立场，不过，在最终的分析中，涂尔干也认为社会现象来源于感性。他的图腾制度理论一开始就强调诉诸情感，最后也以情感告终。我们已经看到，对涂尔干来说，图腾的存在来源于对动物或植物形象的认识，而这些形象先前只是一些非具象的和任意的记号。可是，为什么人们会用记号将他们氏族的从属关系象征化呢？涂尔干认为，这是因为有一种“本能的倾向”可以使“文明水平较低的人们……在一种共同生活中结合起来……在身体上涂上或刻上能够唤起这种生存共同体的图像”。[1] 所以，这种图示化的“本能”，就是能够在神圣的感性理论中最终得以实现的体系的基础。不过，涂尔干有关神圣之集体起源的理论也像我们刚才所批判的理论那样，依赖于预想的理由：这不是人们在能够促成或延续仪式的集会和仪典中所感受到的当下情绪，而是能够唤起情绪的仪式活动。宗教观念远不是“欢腾般的社会氛围，以及这种特殊的欢腾”的产物，[2]而是这种欢腾的前提。

实际上，冲动和情绪什么都解释不了：它们往往都是**结果**，或者是体力的结果，或者是精神潜能的结果。在这两种情况下，它们都是后果，而不是原因。我们只能从生物学特别关注的有机体中，或是只供心理学和人类学研究的心智中去寻找。

① Durkheim, *Les Formes élémentaires de la vie religieuse*, 1925, p. 332.

② 同上书，第 313 页。

第四章　通往心智

一

黄金海岸北部的塔伦西人划分为几个胞族，每个胞族都遵守特定的图腾禁忌。沃尔特河上游的人们也有这样的特征，甚至整个西部苏丹地区也如此。它们不仅具有形式上的相似性，因为最通常受到禁忌的动物物种在这一片广大地区都是一样的，而且用来理解这些禁忌的神话也很相似。

塔伦西人图腾禁忌的对象是金丝雀、斑鸠或家养母鸡等鸟类；鳄鱼、蛇和海龟等爬行动物（陆生和水生）；某些鱼类；大蚱蜢；松鼠和野兔等啮齿动物；山羊和绵羊等反刍动物；猫、狗和猎豹等食肉动物；最后，是猴子和野猪等其他动物。

> 在这些各种各样的动物中，根本不可能发现任何共同之处。有些动物在经济生活中可以起到重要的作用，为土著人提供食品，但大多数动物在这个方面都无足轻重。许多动物对那些可以吃到它们的人来说，被誉为美味佳肴；而有些动物人们则不屑用作食物。任何成年人都不愿意吃蚱蜢、金丝雀或一些可以吃的小蛇，尽管小孩子会这样做，他们甚至会吃他

> 们能够捕捉到的所有小动物，而且常常如此。在这些动物物种中，有几个被当作在巫术和自然的意义上始终具有潜在危险的动物，如鳄鱼、蛇、猎豹以及其他野生食肉动物；相反，也有许多动物在巫术和自然的意义上完全是清白的。有些动物在塔伦西人内容贫乏的民间传说中占有一席之地，如猴子、斑鸠和猫等各种各样的动物……偶尔，把猫当作图腾的氏族也表明，家猫既没有什么特别的地方，家狗也不会受到那些吃狗肉和不吃狗肉的人的不同对待。
>
> 所以，塔伦西人的图腾动物既不是动物学意义上的分类，也不是功利上的分类，更不是巫术意义上的分类。我们就此所能说的一切，就是这些动物大体上都是比较常见的家养或野生动物。①

对我们而言，这样的看法与马林诺夫斯基相去甚远。不过，福忒斯(Fortes)毕竟提出了问题，从博厄斯以来，人们也许就已经在图腾制度的幻象背后瞥见了这一问题。若要理解这种秩序的信仰和禁忌，光靠为它们赋予一种一般功能是不够的：也就是说，为展现某一社会的复杂结构而构建一种单一而具体的程序，在童年时期结成的习惯形式中，这种程序很容易得到转达。因为这样一来，就会出现另一个问题，也可能是根本性的问题，为什么会有动物的符号体系呢？毕竟，鉴于我们至少在消极的意义上已经确定，对某些动物的选择并不能从功利的角度来解释，那么为什么会是某一

① Fortes, *The Dynamics of Clanship among the Tallensi*, 1945, pp. 141—142.

种特定的符号体系，而不是其他符号体系呢？

让我们逐步考察一下塔伦西人的情况。在这里，某些个别动物，甚至有时是在地理学的意义上被地域化了的物种，都是塔布的对象，因为人们能够在用于特殊的祖先膜拜的庙堂旁遇到这些动物。这里，就其通常的含义而言，图腾制度并无任何问题。"土地的塔布"在这些神圣动物或植物物种与图腾之间构成了一种中介范畴，如鳄鱼、蟒蛇、树蜥蜴或水蜥蜴等爬行动物就不能在土地庙附近被宰杀。就像把某些人说成是某个村的村民一样，它们也是"土地的民族"，象征着土地的权力，既有可能是有益的，也有可能是有害的。于是，问题马上又来了：为什么人们会选择某些陆生动物，而非其他动物呢？例如，蟒蛇在某一个氏族所守护的地域内就特别神圣。而且，这种动物不仅是禁忌的简单对象；它还是一个祖先，宰杀蟒蛇几乎像杀人一样是罪大恶极的。这并不是因为塔伦西人相信灵魂转生说，而是因为祖先、祖先的人类后代以及定居此地的动物都通过一条地域的纽带结合起来："祖先……在精神上是在其后代的社会生活中呈现出来的，神圣动物也以同样的方式出现在神圣的池塘或群体能够得到认同的地域。"[①]

所以，塔伦西社会就像一座建筑物，相应地，它的结构就是地域和世系。这些要素密切联系起来，构成了各种独特的实在，同时也伴有祖先膜拜的一般框架中各种特殊的法令和仪式符号。塔伦西人很清楚，个体能够通过他的社会能力，把多重角色结合起来，每个角色都与社会的某一方面或某一功能相对应，而且，他也不断

① Fortes, *The Dynamics of Clanship among the Tallensi*, 1945，第143页。

会面临各种取向和选择的难题:“图腾符号以及其他仪式符号都是用来保证个体遵循正确方向的意识形态标志。”[①]作为一个大型氏族的成员,一个人会与共同的和久远的祖先发生关系,而神圣动物正是这些祖先的象征;作为世系的成员,他会与以图腾为象征的祖先发生关系;最后,作为个体,他也与特定的祖先有所关联,这些祖先不仅能够揭示他的个人命运,而且也能够以家养动物或某种野生猎物为中介显现在他的面前:

> 然而,在这些符号化的不同动物范畴中,究竟有何种共同的心理学主题呢?在塔伦西人中,人与其祖先之间的关系是一场永无休止的战斗。人试图通过祭祀的办法胁迫和安抚他们的祖先。可是,他们的祖先却是无法预言的。正是他们用来侵害和袭击人们习以为常的幸福的力量,使人们意识到了他们是祖先,而不是他们有益的守护者。只有当祖先强烈地侵入到人类事务中去,他们才能支配社会秩序。人类无论做什么,都不能够支配祖先。同丛林和河流中的动物一样,祖先也是不安分的、难以捉摸的、无法预言的和带有侵犯性的。常识的经验世界中的人与动物的关系,恰恰就是神话因果关系领域中人与其祖先之关系的符号体系。[②]

在上述比较中,福忒斯找到了有关人们为何赋予食肉动物

① Fortes, *The Dynamics of Clanship among the Tallensi*, 1945, pp. 144.

② 同上书,第 145 页。

以显著地位的解释，塔伦西人以这些动物“长牙”的名义把它们结合起来，这些动物也会通过攻击其他动物，有时甚至攻击人来维护和保护自身：“它们与祖先潜在的侵犯性之间的象征联系是它们所独有的。”由于这些动物富有生命力，所以很容易成为不朽的象征。这一符号体系之所以通常属于同一类型，也就是动物，可以归结为祖先膜拜所体现的社会和道德符码的基本特征；人们之所以会采用不同的动物符号，可以通过该符码具有不同方面的事实来解释。

在弗思有关波利尼西亚图腾制度的研究中，他已经倾向于采用这样一种解释了：

> 波利尼西亚图腾制度所具有的一个特征，就是有关图腾的自然物种通常是动物，或者是陆生动物，或者是海洋中的动物，尽管有些植物偶尔也包含在这份名单中，却从来都不是首要的。在我看来，人们偏向于采纳动物的原因，在于这样一个事实：对神的行动或意图来说，图腾的活动通常都会被赋予某种意涵。由于植物无法活动，所以从这个角度来看就没有多少意思了，人们倾向于更富有活动性的物种，既有运动的活力，又有灵活多变的特点，此外，在外形、色彩和暴虐或者是不寻常的叫声等方面具有其他令人惊异的特点，它们在很大程度上通过一系列可以用作超自然存在之通道的媒介来表现。①

① Firth,“Totemism in Polynesia”,*Oceania*,Vol. I,No. 4,1930—1931,p. 393.

弗思和福忒斯所提供的这些解释，比图腾制度的典型拥护者，或者如戈登威泽等图腾制度的最初反对者所做的解释更加令人满意，因为他们摆脱了要么求助于某种人为的解释，要么求助于虚假的证据这种双重危险。很明显，在所谓的图腾体系中，自然物种并不能作为社会单位旧有的名称，这些单位有可能已经通过其他方式被指涉了；同样明显的是，在采用植物或动物名称的过程中，社会单位并没有隐晦地确认名称与社会单位本身之间实质上的亲合性，例如，群体就是它的后代，群体参与到它的本性中，或者群体是靠它来维持的。这样的联系并不是人为的；也不是一种邻近的联系。弗思和福忒斯都已经瞥见到，它有可能是以对相似性的感知为基础而形成的联系。所以，我们必须得搞清楚，这种相似性究竟是什么，在哪个层面上才能领会到它。我们是否可以像我们刚才引证过的作者那样认为，它具有自然秩序或道德秩序的意涵，因而，我们可以将马林诺夫斯基的经验主义从有机体和感情的层面置换到感知和判断的层面？

首先，我们会注意到，上述解释只有在将图腾序列与谱系序列分离开来的社会中才是可理解的：尽管它们被赋予了同等的重要性，可人们也会想到其他的方面，因为它们并未联系起来。然而，在澳洲，它们却融合起来了，弗思和福忒斯所考察的可以通过直觉感知到的相似性，如果依据以上相互邻近的事实，是无法理解的。另一方面，在北美和南美的许多部落中，根本就没有明显地或潜在地假定任何相似性；祖先与动物之间的联系是外在的和历史上的联系，它们不仅得到了认识，也彼此遭遇、彼此争斗和彼此结合。包括塔伦西人的神话在内的许多非洲神话，也有同样的特点。所有这些事实，都会使人们在一个更为普遍的层面上，寻找某种联系，寻找上述作者很难反驳的某种步骤，因为他们本身提出的联系纯粹是一种推理意义上的联系。

其次，上述假设也有一个受到严格限定的适用领域。弗思对波利尼西亚人采用了这种假设，因为根据记载，那里的人比较偏爱动物图腾；福忒斯也承认，这一假设首先适用于那些长有利齿的动物。可是，其他动物该怎么办呢？植物该怎么办呢？在它们处于更重要地位的地方又怎么办呢？最后，常态或病态中的自然现象或自然事物，或者是某些人造物，又该怎么办呢？所有这一切都可作为图腾，它们所起的作用当然也是不可忽略的，在某些澳洲人和印第安人的图腾制度形式中，它们有时甚至会起到本质的作用。

换言之，弗思和福忒斯所提出的解释，在两种意义上都是很狭隘的。首先，它局限于处于较高发展阶段的祖先膜拜文化，还有图腾类型的社会结构；其次，在这些动物中，它局限于图腾制度主要的动物形式，甚至局限于特定的动物类型。所以说，如果我们通过构想只有有限适用范围的解决办法，然后再去控制那些难以驾驭的事例，直到事实做出让步，那么我们就绝不会接触到所谓图腾制度问题的根本，就此而言，我们与拉德克利夫-布朗是一致的；只有我们直接达到一般的层面，进而将所有被观察到的事例都作为特殊模式涵括在内，才能做到这一点。

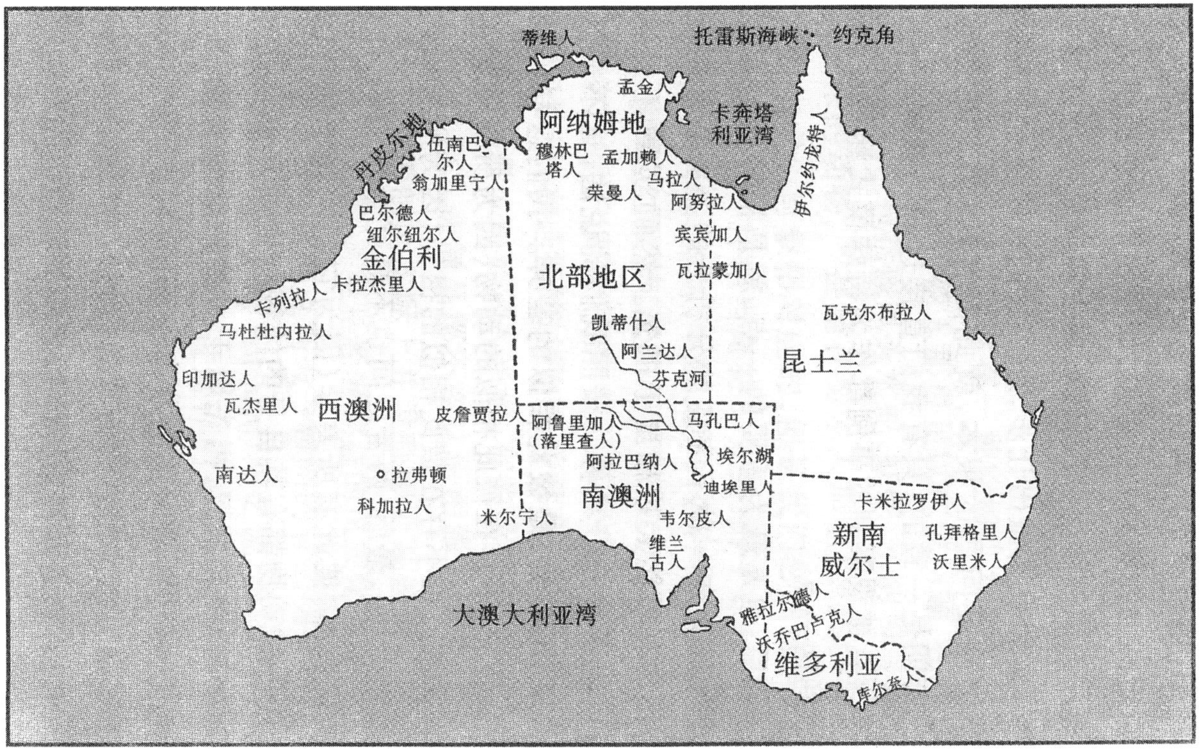
蒂维人
托雷斯海峡
约克角
孟金人
阿纳姆地
卡奔塔
利亚湾
伊尔约龙特人
丹皮尔
伍南巴
尔人
翁加里宁人
穆林巴
塔人
孟加赖人
马拉人
荣曼人
阿努拉人
巴尔德人
纽尔纽尔人
金伯利
宾宾加人
北部地区
瓦拉蒙加人
卡列拉人
卡拉杰里人
瓦克尔布拉人
马杜杜内拉人
凯蒂什人
阿兰达人
昆士兰
印加达人
芬克河
瓦杰里人
西澳洲
皮詹贾拉人
阿鲁里加人
(落里查人)
马孔巴人
阿拉巴纳人
埃尔湖
南达人
拉弗顿
迪埃里人
南澳洲
卡米拉罗伊人
科加拉人
米尔宁人
韦尔皮人
新南
孔拜格里人
维兰
古人
威尔士
沃里米人
雅拉尔德人
沃乔巴卢克人
大澳大利亚湾
维多利亚
库尔奈人

图1　澳洲部落分布图

最后，也是最为重要的一点，就是福忒斯的心理学理论是建立在一种不完备的分析上的。从某种角度来看，动物有可能大致相当于祖先。然而，这既不是必要条件，也不是充分条件。按照我们的说法，**这不是什么相似，而是差异，是彼此相似的差异**。我们这样说的意思是，首先，不存在彼此相似的动物（因为所有动物都有动物活动），也不存在彼此相似的祖先（因为所有祖先都有祖先活动），最后，两者之间也不是完全相似的；而是一方面，动物彼此有所差异（因为它们均属于独特的物种，每一种动物都有其自身的体貌和生活方式），另一方面，人——在人中间，祖先属于一种特殊的情形——也彼此有所差异（因为他们分布于不同的社会分支，每个人都在社会结构中占有特殊的位置）。所谓图腾表现所假设的相似，是**两种差异体系之间的相似**。在从**主观功效**的视角向**客观类比**的视角过渡的过程中，弗思和福忒斯已经迈出了一大步。不过，在他们已经取得进步后，还需要实现从**外在类比**向**内在同源**的过渡。

二

有关人与图腾之间存在一种能够客观感知到的相似性的观点，在阿赞德人那里足以构成问题，在阿赞德人的图腾中，也包括像风头水蛇、虹蛇、水豹和雷兽这样想象出来的动物。[①] 甚至在努尔人那里，虽然所有图腾都是与真实的对象相对应的，但是我们必

① Evans-Pritchard, "Zande Totems", *Man*, Vol. 56, 110, 1956, p. 108.

须认识到,这份名单构成了一种相当奇特的分类:狮子、水羚、鳄鱼、巨蜥、各种蛇、龟、鸵鸟、牛鹭、黍鸟、各种树、莎草、葫芦、各种鱼、蜜蜂、红蚁、河流和小溪、带有斑纹的牛、单睾、兽皮、椽子、绳子、部分牲畜,以及某些疾病。总而言之,“我们可以说,在选择的过程中,并没有什么明显带有功利色彩的因素。对努尔人来说,有些最有用的动物、鸟、鱼、植物以及人造制品都不在这份图腾名单上。所以,努尔人的图腾制度实际上并没有印证某些人在图腾制度中提出的论点,甚至是经验利益的仪式化过程”。[1]

以上观点与拉德克利夫-布朗的看法明显相反,埃文思-普里查德(Evans-Pritchard)回忆说,涂尔干此前就曾经对类似的理论阐明过这样的观点。由此得出的结论,也适用于弗思和福忒斯所提出的解释:“一般而言,努尔人的图腾并不是人们所期望的生物,可以借助某些令人惊叹的特性,引起人们特别的关注。相反,这些能够激发努尔人创作神话的想象力的生物,这些能够在民间传说中体现得最醒目的生物,根本没有体现,或者很少和很不明显地体现在他们的图腾之中。”[2]

所以,作者无法回答这样的问题——从我们进行阐述伊始,就会不断遇到像主旨这样的问题——为什么哺乳类、鸟类、爬行类动物和树木会成为神力与世系之关系的象征。埃文思-普里查德走得最远的地方,就是他看到了某些人们广泛持有的信仰可能会用某些事物来满足这一功能:例如,鸟会飞,所以更能够与天上的最

---

① Evans-Pritchard, *Nuer Religion*, 1956, p. 80.

② 同上。

高神灵相沟通。这种观点并不适于蛇，即使蛇也会以自己的方式成为神灵的体现。在热带稀树草原中比较罕见的树木，也会被看作是神的恩惠，因为这些树可以带来树荫；河流和小溪也与水灵有关。对单睾和带有某种斑纹的动物来说，人们也相信它们是具有超凡力量的精神活动的明显标志。

除非我们回到埃文思-普里查德坚决拒斥的经验主义和自然主义，否则，我们必须认识到，这些土生土长的观念并不是很明显的。如果我们由于生物学和经济学的功能而将小溪作为仪式态度之目标的可能性排除掉，那么设想中的小溪与水灵的关系就会被还原成纯粹语言上的表达方式，即有关赋予它们的精神价值的表达，可是，这并不是一种解释。其他的情形也如此。另一方面，埃文思-普里查德也有能力进行深入的分析，从而使他在某种意义上逐步破解在努尔人的思维中能够把某些人的类型与某些动物物种统一起来的关系。

为了概括双胞胎的特征，努尔人采用了初看起来显得非常矛盾的表达方式。一方面，他们说双胞胎是“一个人”（*ran*）；另一方面，他们说双胞胎不是“人”（*ran*），是“鸟”（*dit*）。要想正确地解释这种表达方式，就必须逐步考察其中所包含的推理过程。双胞胎作为神力的体现，首先是“神之子”（*gat kwoth*），由于天是神圣的寓所，所以双胞胎也被称为“天上的人”（*ran nhial*）。在这样的语境中，他们与普通人是对立的，所以普通人就叫作“地上的人”（*ran piny*）。由于鸟本身就是“天上的”，所以双胞胎可以比作鸟（见图2）。

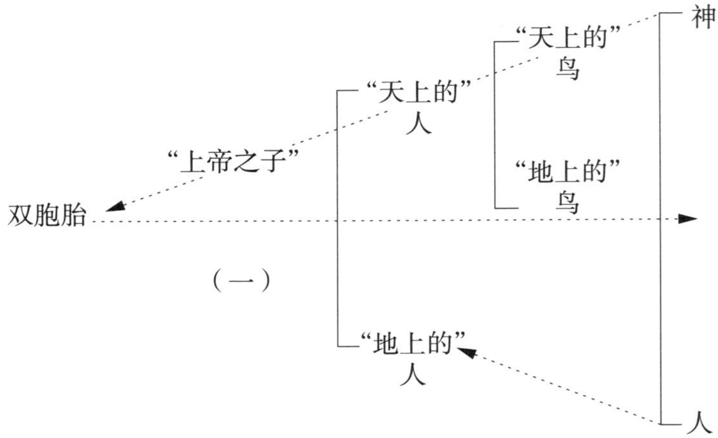

图 2

然而，双胞胎依然是人：虽然他们是“天上的”，但他们相对来说也是“地上的”。不过，同样的区别也适用于鸟，因为某些鸟与其他鸟相比，既飞不高，也飞不好，所以，在它们自己的领域中，尽管一般来说鸟都是“天上的”，可是也会根据上下之别被划分开来。于是，我们就可以理解为什么双胞胎会被称为“人间的”鸟：如珠鸡、鹧鸪等。

如此设定的双胞胎与鸟之间的关系，既不能根据列维-布留尔的参与原则得到解释，也不能依照像马林诺夫斯基这样功利主义的观点来解释，更不能依照弗思和福忒斯所提出的针对可感的相似性所产生的直觉加以解释。在我们面前呈现的，是能够把精神关系统一起来的一系列逻辑联系。双胞胎是“鸟”，既不是因为他们与鸟混同了起来，也不是因为他们看起来像鸟，而是因为双胞胎与其他人的关系，俨然是“天上的人”与“地上的人”的关系，与鸟的关系，也像是“地上的鸟”与“天上的鸟”的关系。所以，他们也像鸟一样，在最高的神灵与人之间占据着中介地位。

尽管埃文思-普里查德没有明确提出这一点，但这一推论过程使他得出了一个很重要的结论。因为这种推论不仅适用于努尔人在双胞胎与鸟之间所确立的特殊关系（非常类似于大不列颠哥伦比亚的夸扣特尔人所构想的双胞胎与鲑鱼之间的关系，这种比较本身就可以证明，在这两种情况中，该过程是以一种更为一般的原则为基础的），也适用于人们在人类群体与动物物种之间所设定的每一种关系。正如埃文思-普里查德本人所说，这种关系是隐喻的关系。[①] 努尔人是通过类比他们自身的社会分支（如世系）来谈论自然物种的，世系与图腾物种之间的关系，也是依据他们所说的布思（*buth*）模式加以概念化的，布思就是来源于共同祖先的旁系世系关系。所以，动物世界就是依照社会世界来构想的。这里，存在一种食肉动物的共同体（*cieng*，如狮子、猎豹、鬣狗、豺、野狗和家狗等），把獴当作它的世系（*thok dwiel*）中的一种也包括进来，并进一步再划分成一些由小动物组成的较小世系（如各种各样的獴，以及体型较小的猫等）。另一个集合体，或者说另一种类别或种类（*bab*），是由食草动物组成的：既包括羚羊、瞪羚、水牛和黄牛，也包括野兔、山羊和绵羊等。“无足人”一组是蛇的世系，“河人”则把生活在溪流和沼泽中的所有动物都统统包括在内，如鳄鱼、巨蜥、所有鱼类，以及沼泽中的鸟和所有吃鱼的鸟，此外，还包括阿努亚克人（Anuak）和丁长人（Balak Dinka），他们大多时候都不用牛，是一

① Evans-Pritchard，*Nuer Religion*，1956，第 90 页：“诗的隐喻”。

些在雨季耕作的农夫和渔民。而来自庞大的共同体的鸟类，也被划分成了一些世系："神之子"、"神之子的姐妹的儿子"，以及"贵族的儿女"。[①]

这些理论上的分类，就是图腾观念的基础：

> 这样，有关图腾关系的解释，在这里就不能从图腾本身的性质中去寻找，只能从图腾与心灵的联系中去寻找。[②]

近来，埃文思-普里查德更为严格地重新阐述了这一观点：

> 安置在生物上的概念和情感，并非源自生物本身，而是别处。[③]

然而，无论这些观点多么富有想象力，它们依然服从于两个方面。首先，土著人有关双胞胎的理论，非常严格地服从于努尔人的神学："这一公式（将双胞胎与鸟等同起来）所表达的并不是双胞胎与鸟之间的二价关系，而是双胞胎、鸟和神之间的三价关系。对神来说，双胞胎和鸟具有同样的特性。"[④]

不过，对最高神灵的信仰，并不必须确立这样一种关系，对那些在心灵上并不像努尔人那样具有神学色彩的社会来说，我们自

---

① Evans-Pritchard, *Nuer Religion*, 1956, 第 90 页："诗的隐喻"。

② 同上书，第 82 页。

③ Evans-Pritchard, *Death and the Right Hand*, 1960, p. 19.

④ Evans-Pritchard, *Nuer Religion*, 1956, p. 132.

己就可以证明这些关系。[①] 所以，埃文思-普里查德在通过这种方式来阐发他的解释时，也会冒有限制这一解释的风险：他与弗思和福忒斯一样（尽管程度上比较低），用一种特殊社会的语言提出了一种普遍的解释，所以，也限制了该解释的适用范围。

其次，尽管拉德克利夫-布朗在埃文思-普里查德发表《努尔宗教》的前几年，提出过有关图腾制度的第二理论，可是埃文思-普里查德似乎并没有看清这一理论所带来的革命性的重要意义。[②] 第一理论与第二理论之间的巨大差别，远远超过英国人类学家所认识到的差别。在我们看来，该理论不但对图腾制度问题进行了彻底的清算，也在不同的层面上以不同的方式提出了真正的问题，当时，人们还没有明确地意识到这一问题，尽管在最终的分析中，该问题的浮现可以被看作是人类学思想中图腾制度所引发的激烈争论的根本原因。如果有人说，即使知识的现状与顽固不化的成见阻碍了对这一问题的认识，或者只是歪曲地揭示了它，但许多有才能的头脑依然在没有合理动机的情况下来关注这一问题，其实，这样的说法并不可信。所以，我们必须把注意力转移到拉德克利夫-布朗的第二理论上来。

---

① 读者可以将上书第 152 页所提供的图式与我们在“阿斯迪瓦人的武功歌”（“La Geste d' Asdiwal”），载于《高等实验研究院宗教科学年报》（*Annuaire*（*1958—1959*）*de l' École Pratique des Hautes Études*，des Sciences Religieuses），第 20 页中所提出的图式进行比较；该书重印收入《现代杂志》（*Les Temps modernes*）杂志 1961 年 3 月第 179 期，第 1009 页。（此文最终收入《结构人类学》一书。——中译注）

② 1960 年，埃文思-普里查德似乎仍旧认为，拉德克利夫-布朗对图腾制度问题所做的贡献仅限于他在 1929 年发表的一篇文章（Evans-Pritchard，*Death and the Right Hand*，1960，p. 19，n. 1）。

三

在拉德克利夫-布朗提出第一理论的22年后，他在1951年为纪念赫胥黎而发表的演讲“社会人类学的比较方法”中，提出了第二理论，却没有强调其中的新颖之处。实际上，拉德克利夫-布朗只是把这一问题当成了上述比较方法的一个实例，认为唯有这种方法才能使人类学阐发“一般命题”。他的第一理论也是通过同样的方式引入进来的。[①] 所以，在两者之间，存在一种方法论上的连续性。然而，两者之间的相似性却消失了。

新南威尔士达林河流域的澳洲部落，分为被称作鹰隼和乌鸦两个母系外婚胞族。针对这样一种社会体系，人们找到的一种历史解释是，两个势不两立的民族一旦决定永结和平，并维护这一和平，就会彼此达成协议，让一方的男人与另一方的女人通婚，或者相反。可是，由于我们根本不了解这些部落的过去，所以这种解释只能是无根无据的，纯属猜测，因而遭到了指责。

让我们来看看，是否其他地方也有同样的制度。在不列颠哥伦比亚夏洛特皇后群岛上，海达人也分为被称作鹰和渡鸦两个母系外婚胞族。海达人的神话告诉我们，起初鹰是怎样成为陆地上所有水的主宰的，因为他有一只不透水的篮子。渡鸦偷走了这只篮子，但当他携带篮子飞越陆地上空时，水泼洒出来，溅在陆地上，于是形成了湖泊和河流，从此以后，鸟有了水喝，也出现了人们赖

① 参见：Evans-Pritchard, *Nuer Religion*, 1956, p. 131—132。

以生存的鲑鱼。

所以，这些澳洲和美洲胞族得以命名的鸟类，都属于非常类似而又彼此对称地对立的物种。此外，有一个澳洲的神话也与上述神话很相像。在这个神话中，鹰隼原先把水贮存在一口井里，他用一块大石头把井口堵住，他想喝水的时候，就把石头搬开。乌鸦发现了这个花招，他自己也想喝水，便把石头搬开了：他在水面上抓搔着他长满虱子的脑袋，却忘了把石头搬回来。所有的水都淌了出来，汇成了东澳洲的河流，虱子也变成了供土著人食用的鱼。那么，难道我们为了解释这样的类比，就可以依照历史重构的精神，来想象澳洲和美洲之间原来就曾有所联系吗？

这样做，我们会忽视这样一个事实：澳洲的（母系和父系）外婚胞族通常是由鸟的名字来指称的，所以，在澳洲，达林河流域的部落只是一般状况的一个实例。在西澳洲，白色凤头鹦鹉与乌鸦相对立，在维多利亚，则是黑色凤头鹦鹉与白色凤头鹦鹉相对立，比方说，鸟图腾在美拉尼西亚也非常普遍，新爱尔兰某些部落的胞族是以海鹰和鱼鹰来命名的。若进一步做出概括，我们就应该比较我们先前所列举的与性图腾制度（而非胞族）有关的一些事实，性图腾制度也采用了鸟或动物的指称：在东澳洲，蝙蝠是一种男性图腾，猫头鹰则是一种女性图腾；在新南威尔士的北部地区，这些图腾相应为蝙蝠和旋木雀（Climacteris sp.）。最后，澳洲二元论也适用于各代人，也就是说，个体与他的祖父和孙子属于一种范畴，而父亲和儿子则属于对立的范畴。由这样形成的各代人决定的胞族，通常并没有被赋予名字。不过，在他们存在的地方，他们也有可能通过鸟的名字得到识别，例如，在西澳洲，就是翠鸟和蜂虎鸟，或者是小红鸟和小黑鸟。

> 所以，我们有关“为什么会是所有这些鸟”的问题，也在范围上扩大了。不仅外婚胞族，而且其他类型的二元分支也都是依照一对鸟的关系来确认的。不过，这通常不是鸟的问题。在澳洲，胞族也与其他成对的动物有关。一种情况是两种袋鼠，另一种情况是两种蜜蜂。在加利福尼亚，也有一个胞族与郊狼有关，而另一个胞族与野猫有关。[①]

很显然，比较方法就是把某种特殊的现象整合进范围更大的整体中，因此，比较的过程也会变得越来越一般。结果，我们又会遇到这样一个问题：我们如何解释社会群体或社会分支会因为其中的每个群体或分支与某种特定的自然物种有关，而彼此区分开来？这一图腾制度的核心问题包含两个其他的问题：每个社会是如何看待人类与其他自然物种之间的关系的（安达曼人的例子说明，该问题外在于图腾制度）；另一方面，这一问题又是从何而来的，也就是说，为何社会群体应该借助标志或符号，或借助带有标志或符号特征的对象来确定？第二个问题也同样外在于图腾制度的框架，因为就此而言，根据这里所考察的共同体类型，旗帜、军服、圣徒或动物物种也可以被赋予同样的角色。

这样，拉德克利夫-布朗的分析再现了他1929年就已阐明的

---

① Radcliffe-Brown, "The Comparative Method in Social Anthropology", *Journal of the Royal Anthropological Institute*, Vol. 81, 1951.（重印收入 *Method in Social Anthropology*, Chapter V, 1958, p. 113。）

方法，我们已经看到，这种方法与博厄斯的方法具有密切的联系。[1] 不过，他 1951 年的演讲却很有新意，他宣称这种方法并不够，因为问题依然没有得到解决。即使我们确认，我们可以为对动物物种的"图腾"偏好提供让人满意的解释，我们也依然必须试图去理解为什么人们会选择某些特殊的物种而非其他：

> 人们选择诸如鹰隼与乌鸦、鹰与渡鸦、郊狼与野猫等成对动物来代表二元划分的胞族，所依凭的原则究竟是什么呢？提出这一问题的理由，并不是出于无聊的好奇心。我们或许可以假设，对这一原则的理解，可以使我们深刻洞察到土著人本身将这种二元划分视作他们社会结构的一部分的途径。换言之，我们也可以不去问"为什么会是所有这些鸟"，而是问"为什么会特别是鹰隼和乌鸦等成对的动物"？[2]

这一步是决定性的。它使内容和形式重新整合起来，因而也为真实的结构分析开辟了道路，这种结构分析既不同于形式主义，也不同于功能主义。实际上，拉德克利夫-布朗所采用的就是结构分析的方法，一方面，它可以将制度与表现结合起来，另一方面，它也将同一神话的所有变种联系起来，并进行了解释。

我们在澳洲的许多地区都听到过这种神话，它讲述的是两个主人公，而故事的主题就是两者之间所发生的冲突。一个版本取

① Radcliffe-Brown, "The Comparative Method in Social Anthropology", *Journal of the Royal Anthropological Institute*, Vol. 81, 1951, p. 80—81, 131—132.

② 同上文，第 114 页。

自西澳洲，讲的是鹰隼与乌鸦的冲突。鹰隼是乌鸦的娘舅，也是乌鸦未来的岳父，这是因为乌鸦与他娘舅的女儿是优先通婚的。无论是实际的岳父，还是未来的岳父，都有权要求从他的女婿兼外甥那里获得食物礼物，所以，鹰隼要乌鸦送给他一只沙袋鼠。乌鸦成功地捕获到一只沙袋鼠，却没有抵制住诱惑：他吃掉了沙袋鼠，却假装说自己空手而归。可是，他的舅舅并没有相信他，问他的肚子怎么鼓起来了。乌鸦回答说，他饥饿难耐，用金合欢树的树胶填饱了自己的肚子。鹰隼还是不相信他，向他的外甥搔痒，直到他把肉吐了出来。为了惩罚他，舅舅把他扔进了火中，直到把他的眼睛烧得通红、羽毛烧黑为止，他疼痛难忍，大呼大叫，后来，所有这些就变成了乌鸦的特征。鹰隼宣布，乌鸦再也不能当猎手了，他只能去偷猎物。从此以后，就一直这样了。

拉德克利夫-布朗继续指出，如果不参照民族志的语境，我们就不可能理解这样的神话。澳洲土著把自己看成是“食肉者”，因而鹰隼和乌鸦这些食肉的鸟类是他们的主要竞争对手。当土著人点燃火把去狩猎时，鹰隼会突然出现，加入其中；它们也是猎手。乌鸦也会栖在距离营火不远的地方，等待机会去偷窃美味。

将这种神话与其他神话相比，尽管其他神话与不同的动物有关，但在结构上是很相似的。例如，居住在南澳洲与维多利亚交界地区的土著人，就认为作为他们主要猎物的袋鼠和袋熊（另一种有袋动物，体型较小）就曾经是朋友。有一天，袋熊开始为自己建造“房子”（这种动物栖居在地洞里），而袋鼠却嘲弄他，也惹恼了他。不过，起初，当雨开始下起来时，袋熊躲在他的房子里，拒绝给袋鼠腾地方，说这房子对他们两个来说太小了。袋鼠大为恼火，用一块大石头揍了袋熊的脑袋，把他的额头拍平了；袋熊坚决予以还击，向袋鼠掷出一支长矛，紧紧扎在他的后屁股上。从此以后，就一直这样了：袋熊有了一个扁平的额头，生活在地洞里；袋鼠有了一只大尾巴，生活在地面上。“当然，这是一个‘假想的’故事，你也可以说是唬孩子的。当这个故事用一种恰如其分的夸张手法表达出来的时候，是很吸引听众的。不过，如果我们仔细检验这些众多的传说，会发现它们都有一个单一的主题。动物物种的相似和差异，都被转换成了友谊和冲突、团结与对抗。换言之，动物生活的世界是通过与人类社会相似的社会关系来再现的。”[①]

总之，自然物种是依据一对相互对立的东西来分类的，只有当被选择的物种至少具有一个共同的特征，可以使他们相互比较的时候，这种分类才有可能实现。

这一原则在鹰隼和乌鸦的例子中非常明显，尽管两者彼此不同，一个是食肉猛禽，另一个靠腐肉维生，但都是主要的食肉鸟类。可是，我们又怎样来解释蝙蝠和猫头鹰这一对呢？拉德克利夫-布朗指出，他最先受到了两者都是夜间飞行这一事实的误导。然而，在新南威尔士的某个地区，旋木雀这种白天飞行的鸟，却与蝙蝠是对立的；这是一种女性图腾，在与之有关的神话中，这种鸟可以教给女人怎样爬树。

由于拉德克利夫-布朗的调查对象提供了这种最先的解释，所以他深受鼓舞，接着问道：“蝙蝠与旋木雀之间究竟有什么相似之

① Radcliffe-Brown, "The Comparative Method in Social Anthropology", *Journal of the Royal Anthropological Institute*, Vol. 81, 1951, p. 116.

处呢?”土著人显然对这样的无知感到大为惊诧,他们回答说:“他们当然都住在树洞里。”猫头鹰和欧夜鹰也如此。吃肉,或者住在树中,都是这些成对动物的共同特征,也表现出了与人类状况可以相比之处。* 不过,在相似性的背后,成对动物中也有一种对立:尽管两种鸟都是食肉的,但毕竟一个是“猎手”,另一个是“小偷”。尽管凤头鹦鹉都属于同样的物种,但毕竟颜色有所不同,一个是白色的,另一个是黑色的;同样居住在树洞中的鸟也有白天和夜晚之分,等等。

所以,我们开始所看到的达林河部落有关鹰隼和乌鸦的划分,在分析的结尾不过是“某种结构原则得以应用的广泛类型的一个特例而已”,[①]这是一种对立统一的原则。所谓图腾制度只是依据由动物和植物名称所构成的特殊命名系统的一种特殊表达(在某种意义上,就像我们今天所说的那样),它所具有的唯一独有的特征,就是通过其他方式所阐明的相关和对立,例如,在北美和南美的某些部落中,就是通过天/地、战争/和平、逆流/顺流、红/白等类型的对立来实现的。这种对立最为普遍的模式,以及最系统的运用也许可以在中国找到,在那里,阴阳两种原则的对立就是男女、

* 由于我们略微超出拉德克利夫-布朗的理解,我们会提出这样的问题:居住在树洞中的鸟的生活,究竟在哪些方面可以让我们联想到人类的状况。事实上,至少有一个澳洲部落是根据树的某些部分来命名它的胞族的:“在恩格翁巴人那里,乖麻德森(*Gwaimudthen*)被划分成 *nhurai*(根基)和 *wangue*(中干),而乖古利尔(*Gwaigulir*)则等于 *winggo*(顶端)。这些名称指的是树的阴影的不同部分,也指营地中的各个位置……”(Thomas, *Kinship Organizations and Group Marriage in Australia*, 1906, p. 152)。

① 同上书,第 123 页。

昼夜、冬夏的对立，而它们的统一则会形成一种有序的总体（道），如一对夫妻、天或年。所以，图腾制度可以被还原成一种阐明一般问题的特殊方式，也就是说怎样去制造对立，而不是成为整合的障碍，甚至将对立生产出来。

四

拉德克利夫-布朗的论证，必然最终导致一种两难处境，无论是图腾制度的反对者还是支持者都会深陷其中，无法自拔，因为他们都只能为有生命的物种赋予两种角色，也就是说，一种是自然的刺激，另一种是人为的托词。图腾制度中的动物不再单纯或主要是受到人们敬畏、尊奉或嫉妒的生物，他们可以感知到的实在是各种观念和关系的体现，而这些观念和关系都是以经验观察为基础的思辨所构想而成的。此外，我们也可以理解，自然物种之所以得到了选择，并不是因为它们“好吃”，而是因为它们“对思考有好处”。

上述论断与其前辈之间的差别如此之大，以至于我们倒很希望知道，拉德克利夫-布朗本人是否会接受它。也许，我们得从他在南非发表的演讲的笔记以及他有关澳洲宇宙论的未发表的手稿中去寻找答案，或许我们最后的机会，就是从他在 1955 年临终前所表述的思想中去寻找答案。他本人并不会欣然承认自己改变了想法，或是意识到可能带来的影响。不过，就他而言，我们很难不提到他在为纪念赫胥黎发表演讲的前十年里，始终致力于将人类学与结构语言学结合起来。对那些希望加入这一事业的人来说，至少会倾向于认为，这样的做法会在拉德克利夫-布朗的思想那里找到回音。对立和相关的观念，以及成对对立的观念，已经有很长的历史了；然而，正是结构语言学，继而是结构人类学，在人的科学的辞林中使这些观念获得了新生。在拉德克利夫-布朗的著述中能够找到这些观念及其所有意涵，确实是件令人瞩目的事情，我们已经看到，这些观念使拉德克利夫-布朗放弃了他以前依旧贴有自然主义和经验主义标签的立场。而且，这种分野并不是毫不犹豫地做出的，从某种意义上说，拉德克利夫-布朗似乎并没有明确意识到他的论题的视角及其适用的范围会超出澳洲事实的领域外："这里，所谓'对立'(opposition)的澳洲观念是对冲(contrariéé)联想的特殊运用，对冲联想是人类思维的普遍特征，我们就是用上与下、强与弱、黑与白这样的成对对冲来思考的。不过，澳洲的'对立'观念把一对对冲的观念与一对对手的观念结合了起来。"[①]

当然，事实上，现代结构主义(并没有得到清晰的阐明)的一个结果，应该是将联想心理学从它得不到信任的状态中解救出来。联想主义的价值极大，可以把上述基本逻辑的轮廓勾勒出来，而这种逻辑可以说是一切思维最低限度的共同特征；联想主义的唯一失误，就是没有认识到这种逻辑也是一种原初的逻辑，是心灵结构(在心灵背后，也许是大脑的结构)的直接表达，而不是以变换不定的意识为基础所形成的环境作用的惰性结果。与拉德克利夫-布朗始终持有的看法相反，正是这种对立与相关、排斥与吸纳、可比

① Radcliffe-Brown, "The Comparative Method in Social Anthropology", *Journal of the Royal Anthropological Institute*, Vol. 81, 1951, 第 118 页。

较性与不可比较性的逻辑，解释了联想的法则，而不是反过来。这种更新过的联想主义，必须依赖于与布尔代数非常近似的运算体系。拉德克利夫-布朗的最终结论说明，他有关澳洲事实的分析使他超越了单纯的民族志意义上的概括，直入语言的法则，甚至是思维的法则。

不啻于此。如上所述，拉德克利夫-布朗已经指出，在结构分析中，我们不可能把形式与内容割裂开来。形式不是外在的，而是内在的。为了觉察到动物指称的根本原因，我们必须具体地考察这些指称，因为我们不可能随意去追踪边界，边界的远端是由纯粹武断的观点支配的。意义并不是被规定的：倘若意义不存在于各个地方，那么任何地方都不会有意义。很显然，我们有限的知识通常会妨碍我们去追溯意义，直到意义的最终容身之所，例如，拉德克利夫-布朗就无法解释为什么某些澳洲部落会通过比照吃肉的味道来概括动物生活与人类处境的亲合性，而其他部落却依据共同的生境来构造这种亲合性。不过，他的分析也潜在地假设，这种差异本身也是有意义的，如果我们掌握有更充分的信息，也能够在这种差异与我们从两个群体各自的信仰之间、它们的技能之间或者是各自与环境的关系之间所发现的其他差异建立相关。

事实上，拉德克利夫-布朗所采用的方法与这种方法提供给他的解释一样，都是很完备的。对他来说，社会实在的每个层面都是一种不可或缺的成分，倘若没有这种成分，我们也不可能理解其他层面。习俗会带来信仰，信仰会带来技能，但不同的层面并不单是彼此的反映。它们之间会以辩证的方式产生反作用，如果我们不首先通过它们各自对立与相关的关系、**制度**、**表现**和**情境**去评估每个层面,也就无法指望去理解每个层面。所以,在每个发挥实际作用的层面中,人类学所能做的事情,只是确认行动中的人类思维与其所应用的人类对象之间的结构同源关系。这种在方法论上将本质与形式整合起来的做法,以其特有的方式反映了方法与实在之间更为必要的整合。

第五章　内在的图腾制度

一

拉德克利夫-布朗也许会反对我们上文从他的分析中所得出的结论，因为直到他临终之际，他依然在顽固坚持他有关结构的经验主义概念，我与他的通信就可以证明这一点。[①] 不过，我们相信，我们并没有歪曲他的想法，反而刻画了他 1959 年演讲为我们开辟的那条出路所具有的魅力。即使他本人或许没有将此贯彻始终，但这依然可以见证他富于思想的头脑，尽管年事已高，疾病缠身，但他仍然表明，他有能力获得重生。

尽管拉德克利夫-布朗有关图腾制度的第二理论在人类学文献中显得非常新颖，但他却不是这一理论的发明者；对于那些与严格意义上的人类学思考相距甚远的前辈来说，他也几乎不可能受到他们的启发。由于我们已经从他的理论中辨识出了一种唯智主义的特征，所以我们才会感到吃惊，柏格森竟然也持有非常相似的观点。在《道德和宗教的两个起源》一书中，我们会发现在某些方

① 参见拉德克和利夫-布朗与本人的通信，发表于 *An Appraisal of Anthropology Today*, ed. S. Tax *et al.*, Chicago, 1953, p. 109。

面与拉德克利夫-布朗很相近的理论大纲，我们也很有兴趣对此进行一番考察。这也提供了一个机会，从而提出一个与观念史有关的问题，该问题将会把我们带回到关于图腾制度的思考所隐含的假设，也就是说，一位因为赋予感性和经验以重要意义而闻名的哲学家，在探讨人类学问题的过程中，怎么会发觉自己与那些在所有其他方面都与其理论地位非常接近的人类学家截然对立呢？

在《道德和宗教的两个起源》中，柏格森通过动物崇拜间接地考察了图腾制度，他认为，图腾制度是一种精灵膜拜的形式。图腾制度不能与动物崇拜相混淆，但是，它同样预先假定了"人是用并非与宗教完全不同的虔敬态度来对待某种动物，甚至是植物物种的，有时候，他们也用这样的态度来对待没有生命的物体"。[①] 在土著人的思维中，这种虔敬似乎与他们把这种动物或植物与氏族成员等同起来的信仰有关。那么，我们又该怎样解释这种信仰呢？

我们所提出的解释范围处于两个极端的假设之间：一个假设是列维-布留尔所说的"参与"，以不温不火的方式来对待用不同语言表达的多重含义，我们可以用动词"在"来转达这样的意思，但其中的含义对我们本身来说却是模棱两可的；另一个假设是涂尔干的假设，把图腾还原成某种标志的作用和氏族的简单指称，但是，这并不能解释图腾制度在运用这种制度的人的生活中所占有的地位。

上述两种解释都不能使我们简单明确地解答因明显偏爱动物和植物物种而产生的问题。所以，我们不得不去追究：人们在感知

① Bergson, *Les Deux Sources de la morale et de la religion*, 1958, p. 393.

和概括植物和动物的过程中，究竟采取了何种特别的方式：

> 当动物的本性似乎被集中于一种独特属性的同时，我们可能会说，动物的个性被消解在属中了。认识一个人，意味着将此人与他人区分开；但是，认识一个动物，通常是确定它究竟属于哪一个物种……动物缺少具体性和个性，本质而言，动物表现为一种属性，所以，动物本质上也表现为一个类。[①]

正是这种**类**的直接知觉，既可以通过个体来刻画人与动物或植物之间的关系，也可以帮助我们理解“图腾制度这种纯粹的物”。事实上，追求真理，必须通过上述两种极端解决方法之间的折中方式来实现：

> 如果一个氏族被说成是某种动物，那么我们由此推不出任何结论；但是，如果同一部落的两个氏族必然是两种不同的动物，那么这样的事实所具有的启发性就多得多。我们可以设想，这要求注明这样一个事实：在语词的生物学意义上，这两个氏族构成了两个物种……为一个氏族赋予了一种动物的名称，为另一个氏族赋予了另一种动物的名称。在所有这些名称中，每个名称就其本身而言，都只是一种称呼，但把它们放在一起，就是一种断言了。实际上，它们意味着，两个氏族具有**不同的血缘**。[②]

① Bergson, *Les Deux Sources de la morale et de la religion*, 1958, p. 393.

② 同上书，第 193—194 页。

对我们来说，我们不必自始至终追随柏格森的理论，因为这样一来，我们的根基并不很牢固。柏格森把图腾制度看作是一种外婚制的手段，外婚制本身就是一种本能的作用，这种本能试图防止发生在生物学上非常有害的近亲结婚现象。然而，如果确有这种本能，那么诉诸制度就将是徒有其表的做法。而且，这里所采取的社会学模式也将与启发它的动物学处境产生激烈的矛盾：动物是内婚的，而不是外婚的；它们聚在一起，仅仅在物种的范围内繁衍。倘若图腾制度的基础是生物倾向和自然感受，那么"特别地确定"每个氏族，"特别地"将它们彼此划分开来，就会造成适得其反的结果：也就是说，每个氏族都会像生物物种一样，必然是内婚的，而氏族也会彼此形同陌路。

柏格森很清楚这些困难，所以他急于在两个方面修正他的论证。他在依然认为需求的实在可以对人们加以限制，以防止同族通婚的同时，承认并不存在与之相应的"实际和能动的"本能。自然通过心智，通过唤起"能够像本能那样决定行为的想象表现"，也可以满足这一点。[1] 不过，除了这会导致一种纯粹的形而上学外，这种"想象表现"也会像我们曾经看到的那样，依然具有某种内容，而且这种内容恰恰是其所谓的对象的对立面。也许，正是为了绕过上述第二个难题，柏格森才不得不把想象表现还原为一种形式：

> 所以，当他们（两个氏族的成员）宣布他们是两类动物的

[1] Bergson, *Les Deux Sources de la morale et de la religion*, 1958，第 195 页。

时候，他们所强调的并不是动物性，而是二元性。[①]

尽管拉德克利夫-布朗与柏格森各自的前提有所差别，但柏格森所宣布的正是拉德克利夫-布朗的最终结论，而且，这一结论早在20年前就已做出了。

二

这种强加给柏格森的，甚至是非其所愿的哲学家的睿智，恰当地解答了连专业人类学家都无法解决的人类学难题(《道德和宗教的两个起源》在拉德克利夫-布朗提出第一理论不久就发表了)，这种解答更为引人注目，因为在柏格森和涂尔干之间，出现了一种理论上的转变，他们可是同时代人啊。这位游移不定的哲学家在对立观念的领域中找到了解决图腾制度难题的办法；而涂尔干所走的道路则相反，虽然他也经常回过头来参照各种范畴，甚至是二律背反的法则，但依然在无差别的层面上寻找答案。实际上，涂尔干式的图腾制度理论有三个发展阶段，在柏格森的批评中，只想保留前两个阶段。首先，氏族“本能地”为自身提供了一种标志。[②] 后来，一种动物的形象以图案的方式得到了“认识”，继而发生了变化。最后，由于人们在情感上将氏族与其标志融合起来，这种形象被神圣化了。

---

① Bergson, *Les Deux Sources de la morale et de la religion*, 1958, 第195页。

② 参见本书第73页。

然而，这一系列每个民族都有其自身的理解并与其他氏族有所不同的运作方式，最终是怎样被组成一个体系的呢？涂尔干回答说：

> 如果图腾本原有选择地存留于特定的动物或植物之中，也依然不能固守在那儿。神圣之物是极容易传染的；所以，它会从图腾存在扩散到所有与之有关的东西上……如它所养育的东西……与它相近的东西……与它持续发生联系的各种各样的存在物……最后，在同一部落的图腾本原之间，整个世界都会被分有。[1]

“分有”一词显然是很模糊的说法。因为真正意义上的分有不可能造成这些扩散区域相互的、不可预见的限制，除非其他势力抢先产生了阻碍作用，不然每一种限制都会侵入整个领域。由此形成的分布肯定是随意的和偶然的，是历史和机遇造成的结果；这样，我们也就不可能理解，人们被动体验到的这些区分，在没有得到概括的情况下，会成为那些涂尔干和莫斯已经为其确立了系统性和一致性特征的“原始分类”的起源：

> 如果说这种心性与我们自身的心性毫无关联，那么这种说法完全不符合事实。我们的逻辑就是从这种逻辑中派生出

① Durkheim, *Les Formes élémentaires de la vie religieuse*, 2e édition, 1925, p. 318.

来的……今天，也像往常一样，要做出解释，就要说明一种事物是怎样参与到另一种事物或另一些事物中去的……每一次，我们借助内在的联系，将各种异质的事项统一起来的时候，我们就必然认同了各种相悖的东西。当然，我们以上述方式统一起来的事项，与澳洲人的不同；我们是通过其他标准，根据其他理由来选择这些事项的；不过，心灵与这些事项发生关联的过程本身，在本质上却没有什么不同……

所以，在宗教思维的逻辑与科学思维的逻辑之间，并不存在一条鸿沟。两者都是由同样的本质要素构成的，只是发展过程不均等和不同。前者的特征似乎对过度的混同和突兀的对立有一种天生的偏好。在这两个方向上，它都愿意采取过激的做法。一旦有了比较，也就有了混同；一旦有了区分，也就有了对立。它既不晓得什么分寸，也不晓得什么微妙，只知道追求极端；所以，所运用的逻辑机制也有些粗劣，可是，它从来都很清楚这些逻辑机制。①

我们之所以大段引用这些字句，首先是因为这是最能代表涂尔干观点的文字，他认为，一切社会生活，甚至是基本的社会生活，都以人的心智活动为前提，所以，人的形式属性无法反映具体的社会组织。不过，《宗教生活的基本形式》的主题，与我们从《社会学方法的准则》"第二版序言"以及有关原始分类形式的论文中所抽

① Durkheim, *Les Formes élémentaires de la vie religieuse*, 2e édition, 1925, 第340—342页。

取的观点一样，都表明，有某种矛盾是相反的观点所固有的，当涂尔干证明社会先于心智的时候，他会经常采用上述相反的观点。所以，在某种意义上，柏格森明显站在与涂尔干意义上的社会学家相反的立场上，他能够使类的范畴和对立的观念转变成知性的直接材料，而社会秩序在其形成过程中，就利用了这样的材料。正当涂尔干主张范畴和抽象观念来源于社会秩序的时候（他在试图解释这一秩序），他发现，他所能掌握的只有情感、感性的价值，或者是像传染或污染这样模糊不明的观念。所以说，他的思想在两种相互矛盾的主张之间依然留有裂痕。这一点，恰恰可以解释图腾的问题史所揭示的吊诡，柏格森的立场比涂尔干的更为恰当，将这一问题建立在真正的社会学逻辑的基础上，涂尔干的心理学，还有柏格森所持有相反方向的心理学，都不得不依赖于难以言喻的表达方式。

不仅如此，柏格森所采取的步骤似乎是一连串的退却，仿佛他不得不在他有关图腾制度之真相的观点所带来的每一种反对意见面前戛然止步，从而不由自主地被拉入角落里。不过，这样的解释并不能深入问题的根本，因为柏格森的洞见有其更积极、更深刻的理由。如果说他能够比人类学家，或者说在人类学家之前更好地理解图腾制度的某些方面，那么这难道不是因为他自身的思想与许多所谓正在经验或已经经验到内在的图腾制度的原始人之间有奇特的类似之处吗？

对人类学家来说，柏格森的哲学会使人们不免想起印第安苏人的例子，柏格森本人也曾经提到过这种相似性，因为他读过和思考过《宗教生活的基本形式》一书。在这本书中，涂尔干曾经提到过达科他人(Dakota)中的一位智者的反应,[1]这位智者用一种非常接近于《创造进化论》的语言,阐发了一种形而上的哲学。从南部的奥塞奇人(Osage),到北部的达科他人,所有苏人都信奉这种哲学,根据这一哲学,一切事物和存在物都不过是创造连续性的物质化形式。原初的美洲源头是这样的:

> 当一切事物随时随地运动的时候,不时会停下来。当鸟飞翔的时候,会落下来,在一个地方筑巢,在另一个地方栖息。当一个人行走的时候,会在想停下来的时候歇脚。所以,神也已经驻足。灿烂美丽的太阳,就是神的驻足之地。月亮、星辰和风,也是神的驻足之地。所有的树木和动物亦是神的驻足之地,印第安人想到了这些地方,并将祈求神的人们送到了神的驻足之地,获得神的帮助和降福。[2]

我们最好应该紧接着引用《道德和宗教的两个起源》中的一段,来强调两者之间的比较,柏格森在这本书中是这样来概括他的形而上学的:

> 创造能量的洪流会冲过物质,从中获得它所能获得的东西。在许多时刻,它都会停顿下来;在我们的眼中,这些停顿

---

① Durkheim, *Les Formes élémentaires de la vie religieuse*, 2e édition, 1925, 第284—285页。

② Dorsey, "A Study of Siouan Cults", *11th Annual Report* (1889—1890), *Bureau of Ethnology*, 1894, p. 435.

> 会被转变成为众多有生命的物种,也就是有机体的形象,在有机体中,我们从根本上说带有分析和综合特点的感知,会将大量的元素区分开来,这些元素结合在一起,可以发挥大量的功能;不过,组织过程只是停顿本身,这种单纯的作用非常类似于一只脚所产生的压力,可以同时使成千上万颗沙粒变成一个图形。①

这两段文字完全一致地表明,在读过它们之后,我们似乎可以毫无风险地认为,柏格森能够理解藏在图腾制度背后的东西,因为就连他本人也未曾料到,他自己的思想与图腾民族的思想是很协调的。那么,他们究竟有何共同之处呢?之所以会有这样的联系,似乎是因为他们同样希望用总体的方式去理解现实的两个方面,也就是哲学家所说的**连续性**和**非连续性**;因为他们同样拒绝在两者之间做出选择;同样努力把它们看成是用来获得同一真理的可以彼此互补的视角。② 虽然拉德克利夫-布朗从他不感兴趣的形而上学思考中脱身出来,但当他为了将**对立**与**整合**调和起来而把图腾制度还原成一种一般倾向的特殊形式时,他所遵循的也是同样的路线。这种发生在两者之间的际遇(一方面,是非常了解野蛮人思维方式的田野工作者,另一方面,是在某些方面非常类似于野

① Bergson, *Les Deux Sources de la morale et de la religion*, 1958, p. 221.

② 我们仍需要追查这种类比关系。在达科他人的语言中,根本没有用来指涉时间的词,但他们却能够通过许多途径来表达绵延中的存在模式。实际上,对达科他人的思维来说,时间构成了一种不能用测量手段加以干预的绵延:这是一种没有限制的"自由物"(Malan & McCone,"The Time Concept Perspective and Premise in the Socio-cultural Order of the Dakota Indians", *Plains Anthropologist*, Vol. 5, 1960, p. 12)。

蛮人思维的坐在椅子上的哲学家)，只有在他们必须处理某一根本问题的情况下才有可能发生。

三

人们绝不会想到，拉德克利夫-布朗还有一个离他更远的前辈，即让-雅克·卢梭。当然，与柏格森相比，卢梭对民族志更加怀有炽烈的热情；不过，除了民族志知识在18世纪更有限这一原因外，卢梭的洞见之所以更令人感到惊讶，是因为他在许多年前就预先提出了最早的有关图腾制度的观念。我们可以回想一下，上述观念是由朗(Long)引入的，朗的著作发表于1791年，而卢梭的《论人类不平等的起源和基础》却可以追溯到1754年。不过，同拉德克利夫-布朗和柏格森一样，卢梭也把具有动物界和植物界“特征”的人看作是最早的逻辑演算的起源，所以也是社会分化的起源，只有当社会分化得到一般化的情况下，它才会存在。

在法国文献中，《论人类不平等的起源和基础》无疑是最早的一篇人类学论著。借用现代的说法，卢梭提出了人类学的核心问题，也就是从自然到文化的过渡过程。卢梭比柏格森谨慎得多，他并没有引入本能的观念，因为本能就其本身来说属于自然秩序，无法使他超越自然。在人成为社会存在之前，繁殖的本能，“一种盲目的冲动，……只能产生纯粹动物性的行为”。

从自然到文化的过渡，取决于人口的增长，但后者并不能像自然原因那样产生某种直接的作用。首先，这会迫使人们为了在不同的环境中生存，将他们的生活方式多样化，将他们与自然的关系多重化。但是，为了让这种多样化和多重化带来技术和社会的转型，它们则必须成为人类思维的对象和手段：

> 各种各样的存在对自身不断重复的关注，以及彼此之间的关注，自然会在人的心灵中构成对某些关系的感知。我们对这些关系的表达，是通过大小、强弱、快慢、勇敢和恐惧等词语，以及其他此类在必要时可以比较而几乎无须思考的观念，这样，这些关系就最终会在人类中形成一种反思，或是一种自动形成的审慎，能够表明谨慎对他们的安全来说是最为必需的。①

我们不能把这段引文的结论部分解释为一种事后的想法：在卢梭看来，预见力和好奇心可以结合成为心智活动的两个方面。在自然状态中，人既缺乏预见力，也缺乏好奇心，因为他"只留给自己有关他的当下状态的意识"。而且，对卢梭来说，感性生活和理智生活如同自然与文化一样，也是对立的，两者之间的距离，也像"纯粹的感觉与最简单的知识形式"一样，都非常遥远。从某种意义上说，有时候，他确实不是在与自然状态相对立的社会状态下从事写作，而是在"理智的状态"②下从事写作。

所以，文化的出现与心智的诞生是同时到来的。而且，连续性与非连续性之间的对立，在生物学的层面上似乎是不可还原的，因

---

① Rousseau, *Discours sur l' origine et les fondements de l' inégalité parmi les hommes*, 1776, p. 63.

② 同上书，第 41、42、54 页。

为它是通过物种内部个体的序列性和物种之间的异质性表达出来的，唯有文化才能克服这种对立，因为文化的基础是人类完善自身的能力，“这种能力……存留于我们之中，无论是以物种的形式，还是以个体的形式；倘若没有这种能力，几个月后，动物还是原来的动物，几千年后，物种也将会像前一年那样一成不变”。[①]

那么，我们首先应该怎样理解从动物性到人性、从自然到文化、从感性到知性这种三重过渡（实际上是一种过渡）呢？我们又应该怎样理解把动物界和植物界应用于社会的可能性呢（卢梭发觉了这种可能性，这也是我们考察图腾制度的关键）？就像涂尔干后来所意识到的那样，如果将各种术语完全分离开来，就会带来不再能够理解它们的起源的风险。

卢梭的答案是，在保留上述区分的同时，借助纯精神状态来确定人的自然条件，纯精神状态的内容既是感性的，也是知性的，两者缺一不可，意识作用足以将一个层面转换为另一个层面，即同情，或者是卢梭所说的与他者的认同，这些术语的二元性在某种意义上也相应于上述方面的二元性。正因为人起初就能够感觉到他自身与所有与之相似的存在之间是同一的（卢梭也曾明确指出，我们必须把动物包括在内），所以他可以获得既能够区别**自身**，也能够区别**这些存在**的能力，换言之，就是把物种的多样性用作社会分化的概念依据。

这种原初认同所有其他生物的哲学，或许也是萨特的存在主

① Rousseau, *Discours sur l' origine et les fondements de l' inégalité parmi les hommes*, 1776，第 40 页。

义所构想的哲学，就这一点来说，这种哲学可以一直追溯到霍布斯的观点。就其他方面而言，这一点也使卢梭提出了一些非同寻常的假设，例如，在《论人类不平等的起源和基础》的“附注 10”中，他就认为亚洲和非洲的猩猩以及其他类人猿都应该是人，旅行家们的偏见误把它们与动物混淆起来。不过，这也会促使他提出一种有关从自然到文化过渡的非常现代的观点，我们已经看到，这一观点的基础，就是出现了通过二元对立来运作的逻辑，而且，这与符号体系的最初呈现是一致的。认同存在于作为知觉存在的人和动物之中，而针对人和动物的总体理解，既支配着对立意识，也先于对立意识，这种对立首先是逻辑属性的对立，在人们看来，它是该领域不可分割的一部分，而且，在该领域内，也是“人”与“非人”之间的对立。对卢梭来说，这就是语言的发展，语言的起源并不在于需求，而在于情绪，所以，最初的语言必然是具象的：

> 由于情绪是引导人说话的第一动机，所以他最先说出的话就是比喻，最先形成的应该是具象语言，最后出现的才是确切的含义。只有当人们根据其真正的形式看待事物时，才能用真正的名称称谓事物。最早的言语都是诗；只有经过漫长的时间，人们才能想到理智。[①]

无所不包的术语，会使知觉和情绪的对象发生混乱，而这样的知觉和情绪正是它们用超现实的方式唤起的，所以，这样的术语先

---

① Rousseau, *Essai sur l' origines des langues*, 1783, p. 565.

于严格意义上的分析归纳。在图腾制度中，我们所反复强调的隐喻作用，并不是语言后来添加的细节，而是语言的基本模式之一。卢梭认为对立也具有同样的地位，也就是说，在同样的基础上，隐喻构成了一种论述思维的首要形式。

四

这似乎倒是一种吊诡：今天，有关图腾问题之现状的文章，都得以这种回溯性的考察来收尾。可是，这种吊诡只是图腾制度的幻象的一个方面，只有通过对事实进行更严格的分析，才能祛除这种幻象，幻象首先建立在这种事实上，而且在这种事实中，真实更应该属于过去，而不是现在。这是因为，图腾的幻象的形成，首先是由于那些忽视了人类学的哲学家，如柏格森，以及另外一些生活在图腾制度观念尚未形成的时代里的哲学家，他们本来应该在当代专业学者之前（对卢梭来说，甚至是在“发明”图腾制度之前）就能够洞察到他们并不熟悉的信仰和习俗的性质，或者是尚未确立的实在。

柏格森的成功之处，无疑在于他的哲学假设所产生的间接结果。虽然他同他的同代人一样，都致力于某些价值合理化，但他不同于这些人的地方，是他在白种男人常规思维的中心地带勾画了这些价值的限制，而不是将它们置于边缘地带。与其他知性模式相比，柏格森的哲学将区分和对立的逻辑划归给了野蛮人，以及那些被赋予劣等地位的“封闭社会”。于是，从某种意义上说，真理在“失去基础”的情况下赢得了胜利。

然而，对于我们希望从中汲取的教训来说，我们所关心的，是柏格森和卢梭本来应该成功地通过内化的过程，也就是通过尝试把从其他地方或单纯想象出来的思维模式运用在自己身上，从而直接获得外来制度的心理学基础（卢梭甚至没有怀疑过它们的存在）。因而，他们证明，所有的人类心灵都是实际经验的中心，在这里，人的心灵中所发生的一切，无论有多么遥远，也都能够得到检验。

借助人们赋予它的奇特特征，以及民族志学者的解释和理论家的思考对这一特征的进一步夸大，长期以来，图腾制度都始终被用来强调那些试图将原始制度与我们自身制度分割开来的人所提出的理由，这种效果特别适合于宗教现象，其中，比较已经揭示了许多显而易见的亲合性。正是对宗教问题的沉迷，使图腾制度被置于宗教之中，虽然人们尽可能把图腾制度与所谓开化的宗教分离开来（如果需要的话，还会对其大加讽刺），生怕后者被图腾制度接触到后轰然坍塌；或者，像涂尔干所做的那样，通过结合形成一种新的实体，然而，这种实体既被剥夺掉了图腾制度最初的属性，也被剥夺掉了宗教最初的属性。

可是，人的科学只有借助明确的观念，或者是它们竭力使之明确的观念，才能有效运转。如果宗教依然构成了一种自发的秩序，需要一种特殊的检验，就不得不从科学对象的共同命运中脱离出来。因此，宗教是通过相反的方式得到界定的，在科学看来，宗教会不可避免地仅仅表现为一个混乱观念的领域。因此，任何试图对宗教加以客观研究的尝试，都不得不被引入这一领地，而无法成为观念的研究，宗教人类学的主张，就已经歪曲和采纳了这种做法。剩下来的唯一一条研究路线，就是感性的（如果不是真正有机的）和社会学的路线，这样的研究只能围着现象转。

相反，如果宗教观念被赋予了与所有其他概念体系同等的价值，从而为思维机制提供一条途径，那么宗教人类学的步骤就会获得有效性，不过，它也将失去自主性以及它所独有的特性。

这就是我们在图腾制度的状况中所看到的一切，图腾制度的实在被还原成了作为某些思维模式之特例的实在。可以说，情感也被作为观念体对根本无法弥补的裂痕和伤害的回应，以附属的方式被纳入进来。人们所谓的图腾制度，与知性有关，而与知性相应的需求，以及知性努力满足这些需求的方式，正是心智的首要条件。在这个意义上，对它来说，任何事物都不会过时，也不会显得很遥远。图腾制度的意象是被投射出来的，而不是接收到的；它的实质也不是外在的。如果说幻象包含有真理的成分，那么这种成分并非外在于我们，而是内在于我们。

参考文献

Anthropos,"Das Problem des Totemismus",Vols. IX,X,XI,1914—16.

Bergson,H. ,*Les Deux Sources de la morale et de la religion*,88e édition, Paris,1958.

Best,E. ,"Maori Religion and Mythology",*Dominion Museum Bulletin*,No. 10,Section I,Wellington,1924.

Boas,F. ,"The Origin of Totemism",*American Anthropologist*,Vol. 18,pp. 319—326,1916. ed. ,*General Anthropology*,Boston-New York-London.

Comte,A. ,*Cours de Philosophie positive*,6vols. ,Paris,1908.

Crosse-Upcott,A. R. W. ,"Social Aspects of Ngindo Bee-Keeping",*Journal of the Royal Anthropological Institute*,Vol. 86,Part II,pp. 81—108, 1956.

Cuoq,J. A. ,*Lexique de la langue algonquine*,Montreal,1886.

Dorsey,J. O. ,"A Study of Siouan Cults",*IIth Annual Report (1889—1890)*,*Bureau of Ethnology*,pp. 361—544,Washington,1894.

Dumézil,G. ,*Loki*,Paris,1948.

Durkheim,E. ,*Les Formes élémentaires de la vie religieuse*,2e édition,Paris, 1925.

Durkheim,E. and Mauss,M. ,"De quelques formes primitives de classification:contribution *à* l' étude des représentations collectives",*Année Sociologique*,Vol. VI,pp. 1—72,Paris,1903.

Elkin,A. P. ,"Studies in Australian Totemism:Sub-section,Section,and Moiety Totemism",*Oceania*,Vol. 4(1933—4),No. 1,pp. 65—90,1933a.

"Studies in Australian Totemism:The Nature of Australian Totemism",

Oceania, Vol. 4(1933—4), No. 2, pp. 113—131, 1933b.

The Australian Aborigines, 3rd edition, Sydney-London, 1954.

Evans-Pritchard, E. E., "Zande Chan Names", *Man*, Vol. 56, 62, 1956.

"Zande Totems", *Man*, Vol. 56, 110, 1956.

Nuer Religion, Oxford, 1956.

Introduction to Robert Hertz, *Death and the Right Hand* (trans. Rodney and Claudia Needham), London, 1960.

Firth, R., "Totemism in Polynesia", *Oceania*, Vol. I, No. 3, pp. 291—321; No. 4, pp. 378—398, 1930—1931.

Primitive Polynesian Economy, London, 1939.

History and Traditions of Tikopia, Wellington, 1961.

Fortes, M., *The Dynamics of Clanship among the Tallensi*, Oxford, 1945.

Frazer, J. G., *Totemism and Exogamy*, 4 vols. London, 1910.

Freud, S., *Totem et Tabou*, Paris, 1924.

Goldenweiser, A., "Totemism, an Analytical Study", *Journal of American Folklore*, Vol. XXIII, 1910.

"Form and Content in Totemism", *American Anthropologist*, Vol. 20, 1918.

Handbook of American Indians North of Mexico, Bureau of American Ethnology, Smithsonian Institution, Bulletin 30, 2vols., Washington, 1907—1910.

Hilger, M. I., "Some Early Customs of the Meomini Indians", *Journal de la société des Américanistes*, Vol. XLIX(n. s.), 1960.

Jakabson, R. and Halle, M., *Fundementals of Language*, The Hague, 1956.

Jenness, D., "The Ojibwa Indians of Parry Island: Their Social and Religious Life", *Bulletin of the Canadian Department of Mines*, No. 78, pp. 1—115, Ottawa, 1935.

Kinietz, W. V., "Chippewa Village: The Story of Katikitegon", *Bulletin of The Cranbrook Institute of Science*, No. 25, pp. 1—259, Detroit, 1947.

Kroeber, A. L., "Totem and Taboo: An Ethnologic Psychoanalysis", (1920) reprinted in *The Nature of Culture*, pp. 301—305, Chicago, 1952.

Anthropology, New York, 1923.

"Totem and Taboo in Retrospect", (1939) reprinted in *The Nature of Culture*, pp. 306—309, Chicago, 1952.

Anthropology, new edition, New York, 1948.

Landes, R., "Ojibwa Sociology", *Columbia University Contributions to Anthropology*, Vol. XXXIX, pp. 1—144, New York, 1937.

Lane, B. S., "Varieties of Cross-cousin Marriage and Incest Taboos: Structure and Causality", *Essays in the Science of Culture*, ed. G. E. Dole and R. L. Carneiro, pp. 288—301, New York, 1960.

Lévi-Strauss, C., *Les Structures élémentaires de la parenté*, Paris, 1949.

La Pensée sawage, Paris, 1962.

Linton, R., "Totemism and the A. E. F.", *American Anthropologist*, Vol. 26, pp. 296—300, 1924.

Long, J. K., *Voyages and Travels of an Indian Interpreter and Trader* [1791], Chicago, 1922.

Lowie, R. H., "On the Principle of Convergence in Ethnology", *Journal of American Folklore*, Vol, XXV, pp. 24—42, 1912.

Primitive Society, reprinted 1947, New York, 1920.

An Introduction to Cultural Anthropology, New York, 1934.

Social Organization, New York, 1948.

McConnel, U., "The Wik-Munkan Tribe of Cape York Peninsula", *Oceania*, Vol. 1(1930—1931), No. 1, pp. 99—104; No. 2, pp. 181—205, 1930.

McLennan, J. F., "The Worship of Animals and Plants", *Fortnightly Review*, Vols. 6 and 7, 1869—1870.

Malan, V. D. and McCone, R. C., "The Time Concept Perspective and Premise in the Socio-cultural Order of the Dakota Indians", *Plains Anthropologist*, Vol. 5, 1960.

Malinowski, B., *The Sexual Life of Savages in North-western Melanesia*, 2 vols., New York-London, 1929.

Magic, Science and Religion, Boston, 1948.

Michelson, T., "Explorations and Fieldwork of the Smithsonian Institution in 1925", *Smithsonian Miscellaneous Collections*, Vol. 78, No. 1, Washington, 1926.

Murdock, G. P., *Social Structure*, New York, 1949.

Notes and Queries on Anthropology, 6th edition, London, 1951.

Piddington, R., *An Introduction to Social Anthropology*, Vol. 1, Edinburgh-London.

Prytz Johansen, J., *The Maori and His Religion and Its Non-Ritualistic Aspects*, Copenhagen, 1954.

Radcliffe-Brown, A. R., "The Sociological Theory of Totemism" (1929), reprinted in *Structure and Function in Primitive Society*, pp. 117—132, London, 1952.

"The Social Organization of Australian Tribes", *Oceania*, Vol. 1, 1930—1931.

"Taboo" (1939), reprinted in *Structure and Function in Primitive Society*, pp. 133—152, London, 1952.

"The Comparative Method in Social Anthropology", *Journal of the Royal Anthropological Institute*, Vol. 81, pp. 15—22, 1951, reprinted as Chapter V in *Method in Social Anthropology*, Chicage, 1958.

Reichard, G., "Social Life", in Boas, 1938, pp. 409—486, 1938.

Rivers, W. H. R., *The History of Melanesian Society*, 2vols., Cambridge, 1914.

Rousseau, J.-J., *Discours sur l' origine et les fondements de l' inégalité parmi les hommes*, London, 1776.

Essai sur l' origines des langues, London, 1783.

Spencer, B., and Gillen, J., *The Northern Tribes of Central Australia*, London, 1904.

Stanner, W. E. H., "Murinbata Kinship and Totemism", *Oceania*, Vol. 7, 1936—1937.

Strehlow, T. G. H., *Aranda Traditions*, Melbourne, 1947.

Thomas, N. W., *Kinship Organizations and Group Marriage in Australia*, Cambridge, 1906.

Tylor, E. B., "Remarks on Totemism with Especial Reference to some Modern Theories Concerning It", *Journal of the Royal Anthropological Institute*, Vol. XXVIII, pp. 138—148, 1899.

Van Gennep, A., *L' État actuel du problème totémique*, Paris, 1920.

Warner, W. L., *A Black Civilization*, revised edition, New York, 1958.

Warren, W., "History of the Ojibways", *Collections of the Minnesota Historical Society*, Vol. V, Saint Paul, Minn., 1885.

Zelenine, D., *Le Culte des idoles an Sibérie*, Paris, 1952.

译名对照表

A

Algonquin　阿尔衮琴人
Aluridja　阿鲁里加人
Ambrym　阿姆布里姆
Andaman Islanders　安达曼群岛
Anthropology (Kroeber)　《人类学》(克鲁伯)
Anuak　阿努亚克人
Apache　阿帕奇人
Aranda　阿兰达人
Ariki　酋长(蒂科皮亚人)
Arkel　阿克尔
Arnhem Land　阿纳姆地
Asdiwal　阿斯蒂瓦尔
Atua　阿图亚(蒂科皮亚人)
Azande　阿赞德人

B

Balak Dinka　丁卡人
Banks Island　班克斯岛
Bantu　班图人
Bergson,H.　柏格森
Boas,F.　博厄斯
Boolean algebra　布尔代数
British Columbia　英属哥伦比亚
Buin　布因人

C

California　加利福尼亚
California Indians　加利福尼亚印第安人
Canada　加拿大
Canella　卡内利亚人
Cape York Peninsula　约克角半岛
Carpentaria,Gulf of　卡奔塔利亚湾
Charcot,J. M.　夏尔科
Crow Indians　克劳印第安人

D

Dakota Indians　达科他印第安人
Dampier Land　丹皮尔地
Darling River　达林河
Deux Sources de la morale et de la religion,les (Bergson)　《道德和宗教的两个起源》(柏格森)
Dieri　迪埃里人
Discours sur l' origine et les fondements de l' inégalité parmi les hommes (Rousseau)　《论人类不平等的起源和基础》(卢梭)
Dumézil,G.　杜梅齐尔
Durkheim,E.　涂尔干

E

Egyptians　埃及人

El Greco　艾尔·格列柯
Elkin, A. P.　埃尔金
Eskimo　爱斯基摩人
Éetat actuel du problème totémique, L' (Van Gennep)　《图腾制度问题的现状》(范热内普)
Evans-Pritchard　埃文思-普里查德
Eyre Lake　埃尔湖

F

Fangalele　方加勒勒人
Finke Rive　芬克河
Firth, R.　弗思
Les Formes élémentaires de la vie religieuse (Durkheim)　《宗教生活的基本形式》(涂尔干)
Fortes, M.　福忒斯
Fortnightly Review　《双周评论》
Frazer, J. G.　弗雷泽
Freud, S.　弗洛伊德
Fusi　富西人

G

General Anthropology (Boas)　《普通人类学》(博厄斯)
Gennep, A. van　范热内普
Georgian Bay　乔治亚湾
Gillen, F. J.　吉兰
Gold Coast　黄金海岸
Goldenweiser, A. A.　戈登威泽
Great Austrilian Bight　大澳大利亚湾
Grétry, A. E. M.　格雷利
Gros-Ventre　格罗文特人

H

Haida　海达人
Hidatsa　希达察人
Hobbes, T.　霍布斯

I

Indonesia　印度尼西亚
Introduction to Cultural Anthropology (Lowie)《文化人类学导论》(洛维)
Iroquois　易洛魁人

J

Jenness, D.　詹内斯

K

Kafika　卡菲卡人
Kaitish　凯蒂什人
Kamilaroi　卡米拉罗伊人
Karadjeri　卡拉杰里人
Kariera　卡列拉人
Kimberley　金伯利
Kinietz, W. V.　基涅茨
Korokovo　科罗科罗人
Kroeber, A. L.　克鲁伯
Kurnai　库尔奈人
Kwakiutl　夸扣特尔人

L

Landes, R.　兰德斯
Lane, B. S.　莱恩
Laverton　拉弗顿
Lévy-Bruhl, L.　列维-布留尔
Linton, R.　林顿
Loisy, A. F.　洛伊塞
Loki　洛基
Long, J. K.　朗
Loritja　落里查人
Lowie, R. H.　洛维

M

Macumba　马孔巴人
Magic, Science and Religion (Malinows-

ki）《巫术、科学与宗教》(马林诺夫斯基)
Malan, V. D.　马兰
Malinowski, B.　马林诺夫斯基
Mana　曼纳
Maori　毛利人
Manido　神灵(阿尔衮琴人)
Marquesas　马克萨斯群岛
Marx, K.　马克思
Mauss, M　莫斯
McCone, R. C.　麦科恩
McConnel, U. H.　麦康奈尔
McLennan, J. F.　麦克伦南
Melanesia　美拉尼西亚
Michelson, T.　米切尔森
Mota　莫塔人
Mungarai　蒙加赖人
Murdock　默多克
Murinbata　穆林巴塔人
Murngin　孟金人

N

Nambikwara　南比夸拉人
Nangiomeri　南吉奥梅里人
New Guinea　新几内亚
New Ireland　新爱尔兰
New South Wales　新南威尔士
New Zealand　新西兰
Ngeumba　恩格翁巴人
Ngindo　恩金多人
North American Indians　北美印第安人
Northern Territory, Australia　北部地区，澳洲
Nuer　努尔人

O

Ojibwa　奥杰布韦人
Old Desert Lake　古德瑟特湖
Omaha Indians　奥马哈印第安人
Ongon　翁衮，即神偶
Osage　奥塞奇人
Ototeman　图腾(奥杰布韦人)

P

Parry Island　帕里岛
Pentecost, I.　潘泰考斯特
Piddington　皮丁顿
Polynesia　波利尼西亚
Primitive Society (Lowie)　《原始社会》(洛维)
Putu　普图(科罗科罗人)

Q

Queen Charlotte Islands　夏洛特皇后群岛
Queensland　昆士兰

R

Radcliffe-Brown, A. R.　拉德克利-布朗
Reichard, G.　赖希哈德
Rivers, W. H. R.　里弗斯
Roheim, G.　罗海姆
Rousseau, J. -J.　卢梭

S

Samoa　萨摩亚人
Santa Cruz　圣克鲁斯
Sartre, J. -P.　萨特
Scandinavia　斯堪的纳维亚
Schmidt, W.　施密特
Siberia　西伯利亚
Sioux　苏人
Smith, W. Robertson　罗伯森·史密斯
Social Organization (Lowie)　《社会组织》(洛维)
Social Structure (Murdock)　《社会结构》

（默多克）
Spencer, B.　斯宾塞
Strelow, T. G. H.　斯特莱罗
Structures élémentaires de la parenté, Les (Lévi-Strauss)　《亲属关系的基本结构》（列维-斯特劳斯）
Sudan　苏丹

T

Tapu　塔布
Tafua　塔夫阿人
Tallensi　塔伦西人
Tanganyika　塔噶尼喀
Tao　道
Taumako　陶马科人
Tax, S.　塔克斯
Thavenet　塔夫纳
Thomas, N. W.　托马斯
Thompson River Indians　汤姆森河印第安人
Tika, tikanga　提卡
Tikarau　蒂卡芬神
Tikopia　蒂科皮亚人
Torres Straits　托雷斯海峡
Totem　图腾
Totem and Taboo (Freud)　《图腾与禁忌》（弗洛伊德）
Totemism and Exogamy (Frazer)　《图腾制与外婚制》（弗雷泽）
Trobriand Islands　特罗布里恩德群岛
Tupu　图布
Tylor, E. B.　泰勒

V

Victoria, Australia　维多利亚，澳洲
Volta　沃尔特河

W

Warren, W.　瓦伦
Western Australia　西澳洲
Wikmunkan　维克蒙坎人
Worimi　沃里米人
Wotjobaluk　沃乔巴卢克人
Wulamba　乌兰巴人

Y

Yang and Yin　阴阳
Yaralde　雅拉尔德人
Yuin　尤因人
Yukhagir　尤卡吉尔人
Yungman　荣曼人

图书在版编目(CIP)数据

图腾制度/(法)列维-斯特劳斯著;渠敬东译.—北京:商务印书馆,2017
(汉译世界学术名著丛书:120年纪念版:珍藏本)
ISBN 978-7-100-14790-3

Ⅰ.①图… Ⅱ.①列… ②渠… Ⅲ.①图腾—制度—研究 Ⅳ.①B933

中国版本图书馆CIP数据核字(2017)第160904号

汉译世界学术名著丛书
(120年纪念版·珍藏本)
图 腾 制 度
〔法〕列维-斯特劳斯 著
渠敬东 译
梅非 校

商 务 印 书 馆 出 版
(北京王府井大街36号 邮政编码100710)
商 务 印 书 馆 发 行
北京新华印刷有限公司印刷
ISBN 978-7-100-14790-3

2017年12月第1版 开本710×1000 1/16
2017年12月北京第1次印刷 印张9
定价:45.00元